KB069483

행동주의와 애착이론을 통합한

부모코칭

Beth Troutman 저 | 이효신 · 이영주 공역

Integrating Behaviorism and
Attachment Theory in Parent Coaching

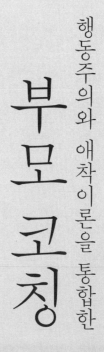

학지사

어떻게 하면 자녀를 잘 양육할 수 있을까? 모든 부모가 갖는 질문이다. 아동 발달을 설명해 온 이론들이 이에 대해 서로 다른 안내를 하고 있기에 부모는 더 어려움을 겪을지도 모른다. 아이가 징징거리고 울거나 소리 지르는 등의 바람직하지 않은 행동을 할 때, 행동주의는 무시 또는 아이가 좋아하지 않는 반응을 해 주거나, 아이가 자신의 좋은 것을 박탈당하는 경험을 하게 하라고 가르친다. 애착이론은 아이가 이러한 고통 신호를 보낼 때 부모로서 신체 접촉으로 포근함을 안겨 주어야 한다고 설명한다. 행동이론은 지금 여기서 나타난 행동을 중요하게 여기며 수정된 경험을 통하여 그것을 변화시키고자 한다. 애착이론은 지금 여기서 나타난 행동 자체보다 그 행동이 나오기까지 내적으로 작동하는 관계의 본질을 더 중요하게 생각한다. 어떤 것도 완전히 옳거나 틀리다고 할 수 없는 문제이다. 그래서 부모는 이 둘의 조화로운 운영을 배워야 한다. 아이의 연령이 중요하게 고려되어야 할 변수일 수 있다. 문제가 발생하는 상황을 잘 해석하는 것이 부모의 중요한 역할일지도 모르겠다.

애착이론과 행동주의 그리고 부모 코칭, 제복에서 이 세 가시 난어들 보는 것만으로도 매력적인 책이었다. 교육이 아동을 가르치는 것만으로 완성될 수 없다는 주장에 동의한다면 부모 코칭에 관심이 갈 수밖에 없다. 아이들의 영유아기는 다시 돌아오지 않고, 부모 역할은 다분히 전문성을 요구하기 때문에 시행착오로 시간을 낭비할 수 없다.

독자가 제한적일 것임을 짐작하면서도 기꺼이 책의 번역을 결정하고 지원해 준 학지사의 관계자 여러분께 감사의 말씀을 전한다.

2019년
역자 일동

저자 서문

"좋은 이론보다 더 실용적인 것은 없다."
(Lewin, 1952)

"연구자는 선택 형식으로 시작하고 그 부적절성을 발견한다."
(Patterson, 1982)

이 책은 영유아(0~8세)의 부모를 돕고자 하는 사람들(영유아기 정신건강 치료사, 가정 방문자, 소아과 의사, 간호사, 기타 조기 중재자)을 위한 것으로, 그들이 부모-아동 상호작용, 아동의 정서 발달, 아동의 행동문제 등을 잘 다루도록 돕는 것이 목적이다. 이 책은 최근의 행동 및 애착 관련 조기 중재법을 양육에 접목하는 법을 알려 준다. 특히 가족의 관심사(부모-아동 갈등 관계, 가혹한 부모 혹은 학대, 아동의 품행문제)를 다루는 것에 역점을 둔다.

지난 50여 년에 걸쳐 누 가지 이론적 모델, 즉 행동주의와 애착이론이 양육과 중재를 이끌어 왔다. 이 두 모델은 각각 수많은 프로그램과 지지자를 낳았으며, 때로는 영유아에게 어떻게 반응해야 하는가에 대한 의견이 대립되기도 하였고, '긍정적인 양육'에 대한 견해도 대립적이었다. 가족을 돕는 일에 있어 연구 중심의 중재에 초점이 맞추어지기 시작하면서, 이 둘은 긍정적 부모 역할에 대한 연구의 지지를 얻기 위해 경쟁구도를 갖게 되었다.

나는 행동주의와 애착이론 둘 다를 강의한다. 이것이 분별없어 보일지 모르지만 여기에는 진실도 숨어 있다. 행동주의와 애착이론에는 각각 그들만의 전문용어가 있으며, 이로 인해 연구자와 치료사가 의사소통에 어려움을 겪고 중재자가 평가에 어려움을 겪기도 한다.

1970년대에 시작된 영유아기 정신건강 분야에 관심이 있는 나는 아동 임상심리학자로서 행동주의와 애착이론에 기초한 중재법의 성장과 더불어 부모-아동 치료사이자 연구자가 되어 두 이론이 추구하는 방향에서 가치를 발견하였다. 나는 파괴적 행동에 대한 행동중재, 불안장애에 대한 행동중재, 부모 코칭 중재, 애착이론에 기초한 중재 등의 임상 훈련을 쌓아 왔고, 사회학습이론, 애착이론, 기질이론 등의 개념을 통합하여 연구를 수행해 왔다.

제1부의 목적은 중재자들이 행동주의와 애착이론에 관한 연구에 좀 더 쉽게 접근할 수 있게 하는 것이다. 제1장은 파괴적 행동을 하는 유아와 학대 위험이 있는 가족을 대상으로 수행한 증거 기반의 행동주의 양육 중재 연구에서 행동주의 중재자들이 부모-아동 상호작용을 어떻게 보는가에 대해 살펴본다. 여기에서는 내가 지난 10년 동안 보급해 온 행동주의 양육법인 부모-아동 상호작용치료(Parent-Child Interaction Therapy: PCIT)의 연구 결과를 위주로 살펴본다. 제2장은 애착이론과 그에 근거한 중재

의 연구 결과에 대해 살펴본다. 여기에서는 내가 유아의 가족을 대상으로 적용하는 기본적인 틀에 영향을 준 애착이론에 기반한 접근법을 위주로 살펴본다. 제3장은 이 두 가지 전통적인 이론 간의 서로 다른 점을 요약하고, 두 가지 이론이 서로 보완하는 방법을 탐색한다.

제2부는 이 책의 '실행' 부분이다. 제2부의 목적은 중재자에게 행동주의와 애착이론을 통합한 부모 코칭 방법을 제공하는 것이다. 만일 여러분이 좀 더 적극적인 중재자라면 이 책의 제2부를 먼저 펼치고 앞부분에서 이론, 사정, 혹은 방법에 대한 질문만을 읽으려고 할지도 모르겠다. (물론 여러분이 중재자라면 아마도 서문을 읽지 않고 지나쳐 버릴 것이지만.) 제4장은 문제가 있는 부모-아동 상호작용을 다루기 위한 부모 코칭과 애착이론을 부모 코칭에 통합한 개념에 대한 이론적 설명을 제시한다. 제5, 6, 7, 8장은 부모 코칭을 다른 애착 패턴에 맞추는 것에 대해 살펴본다.

제1부

부모-아동 상호작용 조망을 위한 두 가지 모델: 행동주의와 애착이론

제2부

긍정적 양육 코칭을 위한 통합 모델

제1부

부모-아동 상호작용 조망을 위한 두 가지 모델: 행동주의와 애착이론

제1장

행동주의를 통한 부모-아동 상호작용 조망

"강압적인 행동은 정적 및 부적 강화 둘 다에 의해 유지된다."
(Patterson, 1982)

마트에서 줄을 서 있는데, 물건을 가득 실은 한 카트에 두 살 난 아들을 태운 채 난처한 상황에 빠진 엄마가 내 앞에 있었다. 아들은 손을 뻗어 과자 한 봉지를 움켜잡았다.[1] 엄마는 "안 돼, 과자 선반 위에 올려놔."라고 말했다. 아들은 싫다고 고개를 저으며 과자 봉지를 가슴에 더 꼭 안았다. 엄마는 아들의 통통한 손에서 과자를 낚아채서 선반 위에 올려놓았다. 아들은 극도의 높은 톤으로 소리를 지르면서 엄마를 때리고 "엄마 나빠."라고 소리쳤다. 엄마는 아들의 손이 과자에 닿지 않도록 카트를 움직였다. 엄마가 서 있는 줄의 계산 담당 직원이 아들 쪽으로 몸을 뻗어 "오늘 기분이 나쁜 것 같구나. 배가 고픈가."라고 말

---

1) 이 글은 부모-아동 상호작용에서 행동주의 원리의 적용을 설명하기 위해 작성된 가상의 글이다.

했다. 엄마도 아들도 직원에게 아무 대꾸도 하지 않았고 엄마는 가방에서 과일 스낵을 꺼내 아들에게 주었다. 그러자 아들은 엄마 손에 있는 스낵을 세게 쳐서 흩뜨리고는 이내 선반의 과자를 움켜쥐었다. 엄마의 계산 차례가 되자 엄마는 카트를 밀어 물건을 계산대 위에 올려놓기 시작했다. 엄마는 아들 손에 쥐어진 과자 뭉치를 거칠게 낚아채 계산대 위에 올려놓았다. 아들은 다시 통곡하기 시작했다. 엄마는 아들 쪽으로 돌아서서 "그쳐. 과자 샀잖아. 과자 값을 먼저 내야지."라고 말했다. 직원이 서둘러 과자를 먼저 계산하고 엄마에게 건넸다. 엄마는 "고마워요."라고 말하고 재빨리 아들에게 과자를 주었다. 두 살배기 아들은 이내 조용해졌고 직원과 다른 손님들도 안도의 한숨을 쉬었다. 아이는 과자를 움켜쥐고 "과자."라고 웅얼거리면서 비로소 우리에게 행복한 미소를 지어 준다.

❑ 행동의 정적 및 부적 강화

행동주의 견지에서, 앞의 사례에 기술된 부모-아동 상호작용은 부모와 아동이 쌓아 온 강화의 역사를 반영하고 있다. 즉, 행동은 강화와 벌을 통해 강화되기도 하고 약화되기도 한다는 것이다. 조기 중재에서 특별히 관심을 끄는 내용은 부모와 아동이 어떻게 각자 서로의 행동을 강화하고 벌주는가이다. **정적 강화**는 행동에 뒤따르는 자극이 행동을 다시 발생시킬 가능성을 증가시키는(즉, 행동을 강화하는) 경우이다. 조작적 조건화에서 또 다른 유형의 강화는 **부적 강화**이다. 부적 강화는 흔히 벌과 혼동된다. **부적 강화**와 벌은 모두 혐오적 자극과 관련되지만, 그 둘은 행동에 상반된 효과를 나타낸다. 부적 강화는 행동과 우연하게 관련된 혐오적 자극을 **제거함으로써** 행동을 강화하는 것이다.

앞의 사례에서 마트의 다른 사람들이 볼 때 가장 분명한 것은 엄마가 아들에게 과자를 사 줌으로써 아들의 잘못된 행동에 대해 정적 강화를 하였다는 것인데, 이것은 엄마와 아들이 다음에 마트에 왔을 때도 아들이 동일한 잘못된 행동을 하게 될 가능성을 증가시킨다는 의미이다. (마트의 진열 담당 매니저는 계산대 옆에 작은 과자들을 나열함으로써 매출을 증가시키는 정적 강화를 경험했기 때문에 아마도 여전히 계산대 옆에는 과자들이 나열되어 있을 것이라고 예측할 수 있다.) 부적 강화는 조금 불분명하지만 앞의 사례에서 찾아볼 수 있다. 엄마는 아들에게 과자를 사 줌으로써 혐오적 자극에서 벗어날 수 있기 때문에 부적 강화가 된 것이다. 아들의 행동이 상승되었을 때 그의 요구에 대한 '굴복'이 강화되었기 때문에 엄마는 다음에 아들의 잘못된 행동이 상승되었을 때 그의 요구에 굴복할 가능성이 있다.

다른 한편으로는 엄마에게 쇼핑 경험은 매우 혐오적이었기 때문에 아들을 데리고 쇼핑하는 행동은 벌을 받게 되었고, 아들을 아빠에게 맡기고 쇼핑을 갈 가능성은 증가되었다. 앞 사례의 상호작용에서 엄마와 아들은 모두 언어적 및 비언어적 행동으로 서로의 행동에 영향을 끼치고자 했다. 우리는 엄마와 아들이 서로에게 나타낸, Patterson(1982)이 **'강압적 교환'**이라고 설명한, 연속적 상호작용인 혐오적 행동을 보았다. 두 사람 중 한 사람이 상대방의 행동을 통제하기 위해 강압적 방법을 사용할 때 갈등은 상승한다.

부모는 유아를 훈육할 때 **'강화 덫'**(Patterson, 1982)에 빠지기 쉽다. 부모와 유아의 상호작용에 관한 관찰 연구는 자녀의 불순종에 대한 부모의 혐오적 반응(즉, 질책과 부정적인 비언어적 반응)이 단기적 순종을 증가시킨다는 것을 밝혔다(Owen et al., 2012). 문제는 두 사람 모두 혐오적 행동을 사용하는 것에 대해 정적 및 부적 강화가 되어 부모-아동 상호작용이 항상 두 사람 모두에게 혐오적으로 된다는 것이다. 부모가 신체적으로 너무 힘든 경우에는 이러한 강압적 사이클에 행동주의 중재가 개입되어야만 한다.

□ 부모-아동 상호작용 행동 평가

부모-아동 상호작용에 관한 대부분의 행동주의 연구는 부모와 아동의 상호작용이 클리닉이나 실험실 장면에서 관찰되는 표준화된 상황에 기초하고 있다. 일반적으로 장면은 놀이실과 유사하고 일방경이나 감시 카메라를 통해 부모와 아동을 관찰한다. 부모-아동 상호작용을 관찰하는 **표준 상황**은 '**비구조화된 놀이**'(부모에게 집에서 하는 것처럼 아동과 놀이를 하게 한다), '**아동주도 놀이**'(부모에게 아동이 주도하는 놀이를 따르게 한다), '**구조화된 놀이**'(아동이 놀이 교구를 완성하도록 부모에게 특정 과제를 부여한다), '**부모주도 놀이**'(부모가 놀이를 주도하고 아동에게 부모가 주도하는 놀이를 따르게 한다), '**정리**'(부모가 아동으로 하여금 장난감을 치우게 한다) 등이다(Eyberg et al., 2013; Mash & Johnston, 1983; Robinson & Eyberg, 1981).

비구조화 혹은 아동주도 놀이에서 아동은 지역사회 표본과 비교하여 부모에게 치대거나 투덜대거나 소리 지르거나 구어적 가장놀이 등의 파괴적 행동을 보일 가능성이 높아지고, 부모의 칭찬에 긍정적인 반응을 보이거나 부모에게 좋은 말을 할 가능성은 낮아진다(Forster et al., 1990; Mash & Johnston, 1983; Robinson & Eyberg, 1981; Speltz et al., 1995). 파괴적 행동을 나타내는 아동의 부모는 자녀를 더 비난하는 경향이 있고, 자녀에게 더 직접적인 명령을 하며, 아동주도 놀이에서 자녀 칭찬을 덜하는 것으로 나타났다(Aragona & Eyberg, 1981; Robinson & Eyberg, 1981; Speltz et al., 1995). 파괴적 행동을 하는 아동의 부모가 자녀의 잘못된 행동을 잘 전달하지 못한다는 일반적인 견해와는 달리, 행동문제로 의뢰된 아동의 부모는 의뢰되지 않은 아동의 부모보다 자녀의 일탈 행동에 (그것을 무시하기보다는) 반응을 잘 보인다(Speltz et al., 1995). 정리 상황에서는 파괴적 행동으로 의뢰된 아동이 좀 더 많은 일탈 행동을 나타냈고, 의뢰되지 않은 아동보다 부모의 명령에 덜 복종했다(Speltz et al., 1995).

전반적으로, 임상 서비스에 의뢰된 부모와 아동의 행동 빈도에 관한 연구는 그들의 상호작용이 양쪽 모두에게 무보상적이고 불쾌한 경험이었음을 밝혔다. 갈등적 부모-아동 상호작용이 나타날 때는 부모든 아동이든 '그쪽으로' 강하게 당겨지는 힘이 있다. '양쪽'이 모두 강력한 주장을 하는 것이다. 부모의 입장에서 볼 때 부모인 자신에게 좋은 말을 하고 자신의 지시에 순종하며 파괴적 행동을 하지 않는 자녀를 칭찬하고 비난하지 않는 것이 훨씬 쉬울 것이다. 아동의 입장에서 볼 때는 부모가 덜 요구하고 덜 비난하며 자신의 좋은 행동에 좀 더 많은 관심을 가져 주는 부모라면 그 지시에 순종하는 것이 더 쉬울 것이다.

❑ 긍정적 양육 기술-행동주의 관점

유아의 파괴적 행동문제를 위한 심리사회적 중재 관련 연구 문헌에는 행동주의에 기초한 중재가 널리 보급되어 있다. 이러한 중재의 대부분은 1960년대의 Hanf(1969; Hanf & Kling, 1973) 혹은 Patterson이 발전시킨 **행동주의 부모 훈련** 중재이다.

행동주의 관점에서 부모의 관심은 아동의 행동을 형성하는 데에 사용될 수 있는 강력한 강화인자이다. 긍정적 양육 기술은 아동의 적절한 행동에 주의를 기울이고 부적절한 행동은 무시하는 것이다. 잘못된 행동은 차별강화를 통하여 다루어진다. 즉, 부모는 '긍정적 반대' 혹은 잘못된 행동과 양립될 수 없는 행동에 관여하는 것을 배운다.

행동주의 중재는 성공적인 형성 혹은 그 근사치를 위해 정적 강화를 사용한다. 즉, 아동이 새로운 기술을 학습할 때, 목표 행동에 '아기 걸음'만큼 다가간 행동에 대해 정적으로 강화를 받는다.

앞의 가상의 쇼핑 사례에서, 엄마는 아이에게 쇼핑할 때는 어떻게 행동해야 하는지를 알려 주기 위해 아이의 좋은 행동을 칭찬하면서 가까운 곳의 간단한 쇼핑에 데리고 가려 할 것이다. 엄마는 아이가 쇼핑 카트에 얌전히 앉아서 엄마의 쇼핑에 협조하고 (서로의 손이 아닌) '서로의 눈을 쳐다보는 것'을 칭찬할 것이다.

증거 기반의 행동주의 중재에서 정적 강화로부터의 **타임아웃**이나 질책과 같은 혐오적 후속 결과는 파괴적 행동을 감소시키기 위해 필요한 것으로 간주되지만, 정적 강화보다는 적은 빈도로 사용된다(Owen et al., 2012).

유아를 위한 몇몇 행동주의 양육 중재는 애초에 Connie Hanf가 개발한 **부모 코칭 모델**의 두 단계로부터 발전하였다(Hanf, 1969; Hanf & Kling, 1973). 이 모델의 첫 번째 단계에서는 부모가 자녀의 행동을 수정하기 위해 차별화된 사회적 관심을 표현하도록 이어폰을 통해 부모에게 코칭을 해 준다. 차별화된 사회적 관심 기술은 아동주도 놀이 상황에서 배우게 된다. 대부분의 아이는 놀이를 할 때 부모의 지속적인 관심이 있으면 행동을 아주 잘하기 때문에, 부모는 아동의 긍정적이고 적절한 행동에 함께 참여하는 것을 배우는 기회를 갖게 된다. 중재의 두 번째 단계에서는 부모가 자녀에게 지시 따르기(순종 훈련)를 가르치는 방법을 배우는데, 이때 자녀의 순종에 대해 보상하고 불순종에 대해서는 혐오적 후속 결과(정적 강화로부터의 타임아웃과 경고)를 사용한다. 이 단계는 또한 놀이 회기(부모 주도 놀이) 상황에서도 소개하여, 부모가 행동주의 양육 기술을 연습할 기회를 갖게 하고, 아동에게는 낮은 스트레스 상황에서 순종하는 것을 배울 기회를 갖게 한다. **Hanf 접근법**의 특이한 점은 부모가 특정 행동주의 기술을 습득하였는지의 여부를 결정하기 위해 행동주의 코딩을 사용한다는 것이다.

Hanf 접근법으로부터 발전하여 폭넓게 사용되고 있는 행동주의 양육 중재에는 **인크레더블 이어즈**(Incredible Years; Webster-Stratton, 1982),

불순종 아동 돕기(Helping the Noncompliant Child; Forehand & McMahon, 1981; McMahon & Forehand, 2003), **부모-아동 상호작용치료**(Parent-Child Interaction Therapy: **PCIT**; Eyberg & Funderburk, 2011; Hembree-Kigin & McNeil, 1995; McNeil & Hembree-Kigin, 2010; Urquiza et al., 2011) 등이 있다. 인크레더블 이어즈 부모 훈련법은 부모에게 행동주의 양육 기술을 가르치기 위해 부모-아동 상호작용에 관한 표준 비디오테이프를 이용하는 집단 중재이다. 행동주의 부모 훈련을 위한 인크레더블 이어즈의 효과에 관한 연구가 1980년대에 처음 출판되면서 그 효과가 빠르게 입증되었다(Webster-Stratton, 1982). 50편의 인크레더블 이어즈 부모 훈련 연구에 대한 메타분석 연구에서는 이 접근법이 임상적으로 심각한 수준의 파괴적 행동을 하거나 파괴적 행동으로 발전할 위험을 가진 아동의 친사회적 행동을 향상시키고 파괴적 행동을 감소시키는 데에 효과적이라고 보고하였다(Menting et al., 2013).

　부모-아동 상호작용 회기의 코딩과 부모가 특정 행동주의 수행 기준을 충족하도록 하는 것을 강조한 Hanf의 부모 코칭 원칙을 고수하는 두 가지 접근법은 불순종 아동 돕기(Forehand & McMahon, 1981; McMahon & Forehand, 2003)와 PCIT(Eyberg & Funderburk, 2011)이다. 부모 코칭을 받을 때 부모는 이어폰을 끼고 자녀와 상호작용을 하는데, 이때 전문가는 일방경을 통하여 부모를 관찰하면서 코칭을 한다.

❏ 행동주의 양육 기술의 코딩/행동주의 수행 기준

　불순종 아동 돕기에서는 부모가 몇 가지 다른 행동주의 양육 기술을 습득하고 아동주도 놀이 중에 시연해야 한다(McMahon & Forehand, 2003). 부모는 다음 기술을 학습하기 전에 각 기술에 대한 행동주의 수행 기준을 충족하여야 한다. 첫 번째 단계에서 부모는 참여하는 것(즉, 아동의 행동을 묘사하기)을 배운다. 부모는 다음 기술을 배우기 전에 아동주도 놀이가 이루어지는 5분 동안에 20회의 참여를 수행해야 하고 2회 미만의 명령과 질문을 사용해야 한다. 부모가 배울 다음 기술은 자녀의 행동을 보상해 주는 것(즉, 자녀의 행동을 칭찬하고 안아 주기나 등 토닥이기 같은 비구어적이면서 긍정적인 신체 접촉하기)이다. 이 단계에서 행동주의 수행 기준은 아동주도 놀이가 이루어지는 5분 동안에 최소한 10회의 보상과 최소 20회의 참여 및 보상, 그리고 2회 미만의 명령 및 질문을 하는 것이다. 부모가 이러한 행동주의 수행 기준을 충족시킴으로써 높은 비율의 긍정적 참여를 보인 후에는, 아동의 부적절한 행동을 무시하는 것을 배우게 된다. 이 단계에서의 행동주의 수행 기준은 아동이 나타내는 부적절한 행동(부적절한 행동은 중재자와 부모가 사전에 정해 놓는다)의 70%를 무시하는 것이다.

불순종 아동 돕기의 순종 훈련 중 첫 번째 단계에서는 부모에게 명확하고 직접적인 명령(알파 명령)을 가르친다. 부모는 이 단계의 행동주의 수행 기준을 충족하기 위해서 부모주도 놀이가 이루어지는 5분 동안에 평균 10회의 알파 명령을 주어야 하고 주어진 명령의 75% 이상이 알파 명령이어야 한다. 순종과 불순종에 대해 후속결과를 주는 다음 단계의 행동주의 수행 기준은 부모주도 놀이가 이루어지는 5분 동안에 명령에 대한 최소 60%의 순종 후에 아동에게 보상(칭찬 혹은 비구어적 긍정적 신체 접촉)을 주는 것이다. 아동은 또한 이 단계에서 부모 명령의 75%에 순종하는 행동주의 수행 기준을 충족해야 한다.

PCIT에서는 부모가 충족시켜야 하는 행동주의 수행 기준을 '숙달 기준'이라고 한다(Eyberg & Funderburk, 2011; McNeil & Hembree-Kigin, 2010; Urquiza et al., 2011). PCIT 연구에서 비록 부모가 숙달 기준을 충족시키지 못했을 때도 파괴적 행동의 유의미한 감소가 나타났다고 보고되었지만(Eisenstadt et al., 1993; Nieter et al., 2013; Nixon et al., 2003), 최근의 파괴적

행동 관련 PCIT 연구에서는 순종 훈련 단계로 넘어가기 전에 아동주도 놀이에서 긍정적 양육 기술을 위해 부모가 숙달 기준을 충족시킬 것을 요구하고 있다.

　PCIT의 초기 버전은 순종 훈련 단계로 넘어가기 전 아동주도 놀이가 이루어지는 5분 동안에 아동의 적절한 행동에 대해 후속적으로 20~25회의 긍정적이면서 구어적인 양육 반응(즉, 행동 묘사, 반영 그리고/또는 칭찬)을 하도록 요구하였다(Hembree-Kigin & McNeil, 1995; Schuhmann et al., 1998). PCIT의 최근 버전은 다음 단계로 넘어가기 전 아동주도 놀이가 이루어지는 5분 동안에 아동의 적절한 행동에 대해 30회의 긍정적이면서 구어적인 양육 반응(즉, 10회의 행동 묘사, 10회의 반영, 10회의 칭찬)과 3회 미만의 질문, 명령, 비난을 할 것을 요구한다(Eyberg & Funderburk, 2011; McNeil & Hembree-Kigin, 2010; Urquiza et al., 2011). PCIT의 순종 훈련 단계에서 부모의 행동주의 수행 기준은 시간의 75%에서 효과적인 명령(즉, 알파 명령)을 하고, 알파 명령의 75%에서 적절한 후속결과를 주는 것(즉, 순종에 대한 칭찬, 불순종에 대한 경고, 경고에 뒤따르는 불순종에 대한 정적 강화로부터의 타임아웃)이다(Eyberg & Funderburk, 2011).

　서로 다른 행동주의 부모 훈련법을 비교한 연구는 없다. 따라서 중재자는 특정 행동주의 양육 중재법을 선택하기 위해 연구 결과보다는 요인에 주목한다. 나는 몇 가지 서로 다른 행동주의 부모 훈련법을 실행해 보았는데, 불순종 아동 돕기(McMahon & Forehand, 2003)와 PCIT(Eyberg & Funderburk, 2011; McNeil & Hembree-Kigin, 2010; Urquiza et al., 2011) 같이 이어폰을 이용하여 부모 코칭을 하는 중재법을 선호하게 되었다. 이 중재법은 내가 부모와 아동의 상호작용을 면밀히 관찰할 기회를 주었고 더 상세한 코칭을 할 수 있게 해 주었다.

　내가 지난 10년 동안 지역사회 관계자들을 훈련하기 위해 실행하고 보급에 힘써 온 행동주의 양육 중재는 PCIT이다. 지난 10년 동안 PCIT

는 대학교를 벗어나 지역사회로 이동하면서 그 정보에 대한 접근성이 훨씬 더 좋아졌다. 아이오와 대학교의 PCIT 추가 정보는 http://www.medicine.uiowa.edu/psychiatry/parentchildinteractiontherapy/에서 확인할 수 있다.

캘리포니아 대학교 데이비스 캠퍼스는 PCIT 훈련 프로그램에 관한 훌륭한 웹 사이트를 갖추고 있는데, 거기에서 트라우마 아동을 위한 PCIT(PCIT for Traumatized Children: PCIT-TC)에 관한 무료 웨비나(webinar)에 참여할 수 있고 영어와 스페인어로 된 PCIT-TC 양식과 행동 코딩[부모-아동 상호작용 코딩시스템(Dyadic Parent-Child Interaction Coding System: DPICS)]을 다운받을 수 있다(http://pcit.ucdavis.edu/). PCIT 훈련과 보급에 관한 정보는 PCIT 인터내셔널 웹 사이트에서도 찾아볼 수 있는데, 거기에서 PCIT와 DPICS 매뉴얼을 구매하는 것이 가능하다(http://www.pcit.org/). PCIT에 관한 더 많은 정보를 원하는 중재자를 위해 나는 부모-아동 상호작용치료 제2판을 추천한다(McNeil & Hembree-Kigin, 2010).

〈표 1-1〉에서 볼 수 있는 바와 같이, PCIT는 파괴적 행동을 감소시키는 데에 분명히 효과적이다. 부모가 아동의 파괴적 행동을 체크하는 비율이 행동주의 평가보다 크게 개선된 경향을 보여 주고 있다. 부모 평정은 평가 형태가 서로 다름에서 기인하는 차이에 더욱 민감할 수 있다(예, 행동주의 평가는 유의미한 변화를 파악하기에는 너무 단순할 수 있다). 파괴적 행동에 대한 부모 평정에서 유의미한 변화가 나타나는 것은 아동 행동상의 변화가 있음을 의미할 뿐만 아니라 아동에 대한 부모의 인식에도 변화가 있음을 의미한다.

〈표 1-2〉에서 보는 바와 같이, PCIT에 참여하는 부모는 칭찬하기나 아동 행동에 대해 묘사하기와 같은 긍정적 행동주의 양육 기술의 사용이 증가하고 비난, 명령, 질문 등의 사용은 감소하는 경향을 보인다. 〈표 1-2〉는 또한 중재를 종료하기 전에 PCIT을 중단하는 가정이 상대적으로 높은 비율임을 나타내고 있다. PCIT의 중단율이 중요하지만, 이 수치는 내가 가정에 PCIT를 제공하고 지역사회 관계자들에게 PCIT 상담을 하는 나의 경험을 나타내는 것은 아니다. 나는 부모-아동 상호작용이 개선되고 파괴적 행동이 유의미하게 감소되어 비임상 범주로 바뀌어서 중재가 종료되기 전에 중재를 중단하는 가정을 많이 보았다. 따라서 부모가 사전에 결정해 놓은 행동 수행 기준에 이미 도달하여 더 이상 중재를 지속하지 않는 경우에 그 가정이 중재에 실패했다고 생각하지는 않는다.

아동복지/아동학대 집단에서의 PCIT 관련 아동 성과가 〈표 1-3〉에, 그리고 부모 성과와 중단율은 〈표 1-4〉에 제시되어 있다. 〈표 1-3〉에서 보는 바와 같이, 양부모(McNeil et al., 2004; Timmer et al., 2006)나 주 양육자(Chaffin et al., 2011; Chaffin et al., 2004; Galanter et al., 2012; Nieter et al., 2013; Thomas & Zimmer-Gembeck, 2011, 2012)와 함께 PCIT에 참여한 학대 혹은 학대 위험 경력이 있는 아동은 파괴적 행동, 불안, 우울 등에서 유의미한 개선을 나타냈다. 놀랍게도, 부모가 아동을 학대했거나 학대 위험이 있는 가정을 대상으로 한 연구에서 부모의 행동을 변화시키는 것에 최우선으로 초점을 맞추었을 때 여섯 사례의 연구 중에서 두 사례만이 부모가 숙달 기준에 도달했다(Galanter et al., 2012). Chaffin 등(2004)의 연구에서는 PCIT에 참여한 신체적으로 학대하는 부모 중 30%만이 숙달 기준에 도달했디.

〈표 1-4〉에서 보는 바와 같이, PCIT는 비록 비율은 여전히 높지만(17~47%) 학대의 재발은 낮춘다. 연구에 의하면 아동복지기관에서 의뢰된 아동의 부모는 파괴적 행동을 하는 아동의 부모를 대상으로 정해

놓은 PCIT 숙달 기준에 도달하지 않아도 행동이 개선되었다(Chaffin et al., 2004, 2011; McNeil et al., 2005; Nieter et al., 2013; Thomas & Zimmer-Gembeck, 2011, 2012). 이러한 연구 결과와 PCIT를 간소화하여 사용하는 비율이 높은 점에 기초하여, 최근의 연구에서는 아동복지기관에서 의뢰된 부모에게 숙달 기준에 대한 요구 없이 PCIT의 단기 버전을 사용할 것을 주장하고 있다(Thomas & Herschell, 2013). 이러한 결과와 주장에도 불구하고, 나는 양부모 혹은 학대나 방임으로 의뢰된 부모에게 **부모중심 상호작용**(Parent-Directed Interaction: PDI) 기술을 가르치기 전에 **아동중심 상호작용**(Child-Directed Interaction: CDI)을 위한 숙달 기준을 충족시킬 것을 요구하고 있다. 그 이유는 ① 학대를 당해 온 아동이 주 양육자와 최고의 긍정적인 아동주도 놀이를 경험하는 것이 중요하기 때문이고, ② 학대를 당한 아동은 주 양육자와 강압적인 관계를 맺기가 더 쉬우므로 학대를 당해 온 아동의 주 양육자는 숙달 후에도 아동의 바람직하고 친사회적인 행동에 참여하는 것을 계속해서 공부하는 것이 중요하기 때문이고, ③ 학대를 당해 온 아동을 양육하는 양육자가 어려운 목적을 성취함으로써 자기효능감이 높아지는 경험을 하는 것이 중요하기 때문이며(Troutman et al., 2012), ④ 신체적으로 학대한 경력을 가졌거나 아동의 잘못된 행동에 반응하는 상호작용에 위축되어 있는 양육자는 스트레스 상황에서 아동에게 하는 이전의 행동 패턴이 다시 나타날 가능성이 있어서 그들이 아동의 긍정적이고 친사회적인 행동에 참여하는 것을 계속해서 연습하는 것이 중요하기 때문이다.

〈표 1-1〉 파괴적 행동 아동에 대한 부모-아동 상호작용치료(PCIT) 관련 연구에서의 아동 성과

집단	모델	아동 행동에 대한 행동주의 평가	아동 행동에 대한 부모 보고	문헌
품행문제로 의뢰된 취학전 아동(미국) N=10	PCIT	순종(CLP, PLP, & CU) PCIT d=1.8	파괴적 행동(ECBI) PCIT d=-2.6	McNeil et al., 1993
행동문제로 의뢰된 취학전 아동(미국) N=31	PCIT[a]	순종/일탈행동(CLP, PLP, & CU) PCIT d=1.8/-0.64	파괴적 행동(ECBI) PCIT d=-2.7	Eisenstadt et al., 1993
파괴적 행동으로 의뢰된 취학전 아동(미국) N=54	PCIT WL	엄마에게 순종[b] PCIT 사전: 23% PCIT 사후: 47% 아빠에게 순종 PCIT 사전: 27% PCIT 사후: 45%	파괴적 행동에 대한 엄마 평정(ECBI) PCIT d=-1.5 WL d=-0.1 파괴적 행동에 대한 아빠 평정(ECBI) PCIT d=-1.2 WL d=-0.2	Schuhmann et al., 1998
행동문제로 의뢰된 취학전 아동(호주) N=92	PCIT[c] ABB PCIT[d]	엄마에게 순종/일탈행동 (CLP, PLP, & CU) PCIT d=0.74/-0.49 ABB PCIT d=0.53/-0.26 WL d=0.55/-0.74	파괴적 행동에 대한 엄마 평정(ECBI) PCIT d=-2.03 ABB PCIT d=-1.68 WL d=-1.21 파괴적 행동에 대한 아빠 평정(ECBI) PCIT d=-1.0 ABB PCIT d=-1.1 WL d=-0.5	Nixon et al., 2003

			과괴적 행동(ECBI)	
행동문제로 의뢰된 유아(미국) N=70; 72	PCIT	보고되지 않음	PCIT $d=-1.0$, 외현화(CBCL) PCIT $d=-1.0$, 내재화(CBCL) PCIT $d=-1.0$	Timmer et al., 2006
적대적 반항장애와 지적장애를 진단받은 취학전 아동(미국) N=30	PCIT	순종(PLP & CU) PCIT $d=1.41$ WL $d=-.43$	ECBI PCIT $d=-2.0$ WL $d=-0.9$	Bagner & Eyberg, 2007
행동문제로 지역사회 관계자에게 의뢰된 아동(미국) N=154	PCIT	보고되지 않음	ECBI $d=-1.2$, TSCYC 사후 트라우마 스트레스 총 $d=-0.7$, TSCYC 분열 $d=-0.7$, TSCYC 분노 $d=-1.1$	Pearl et al., 2012
행동문제로 의뢰된 아동(미국) N=120	치료실과 가정 PCIT	보고되지 않음	ECBI PCIT 종료자(치료실 및 가정) $d=-0.9$	Lanier et al., 2011

PCIT: 부모-아동 상호작용치료, CLP: 아동주도 놀이, PLP: 부모주도 놀이, CU: 정리, d: 코헨의 d, ECBI: 아이버그 아동 행동 검사(Eyberg Child Behavior Inventory), ABB PCIT: 축약판 PCIT, WL: 대기 명단, TSCYC: 유아용 트라우마 증상 체크리스트

[a] 아동중심 상호작용 전에 부모중심 상호작용을 받은 표본의 절반

[b] SD가 보고되지 않았기 때문에 d는 산출될 수 없음.

[c] 이 연구에서 사용된 PCIT 버전에서 부모는 5회기의 아동주도 놀이와 7회기의 부모주도 놀이에서 코칭을 받았음.

[d] 이 연구에서 사용된 축약판 PCIT 버전에서 5회의 코칭 회기는 5회의 30분 전화 상담으로 이루어졌음.

〈표 1-2〉 파괴적 행동 아동을 대상으로 한 부모-아동 상호작용치료(PCIT) 연구에서의 중단율과 부모 성과

집단	모델	중단율	부모 행동에 대한 행동주의 평가	문헌
품행문제로 의뢰된 취학전 아동(미국) N=10	PCIT	0%	보고되지 않음	McNeil et al., 1991
행동문제로 의뢰된 취학전 아동(미국) N=31	PCIT[a]	35%	보고되지 않음	Eisenstadt et al., 1993
파괴적 행동으로 의뢰된 취학전 아동(미국) N=64	PCIT WL	PCIT: 41% WL: 26%	엄마의 칭찬 %(CLP, PLP, & CU) PCIT d=2.1 WL d=0.4 엄마의 비난 %(CLP, PLP, & CU) PCIT d=−1.1 WL d=−0.5 엄마의 행동기술 %(CLP, PLP, & CU) PCIT d=7.0 WL d=0.9 아빠의 칭찬 %(CLP, PLP, & CU) PCIT d=2.2 WL d=0 아빠의 비난 %(CLP, PLP, & CU) PCIT d=−1.3 WL d=−0.4 아빠의 행동기술 %(CLP, PLP, & CU) PCIT d=1.7 WL d=0	Schuhmann et al., 1998

표본	치료	성공률	효과크기	출처
행동문제로 의뢰된 취학전 아동(호주) N=92	표준 PCIT 축약 PCIT WL	표준 PCIT: 23% 축약 PCIT: 13% WL: 6%	엄마의 칭찬(CLP, PLP, & CU) 표준 PCIT d=2.0 축약 PCIT d=1.2 WL d=0.5 엄마의 비난(CLP, PLP, & CU) 표준 PCIT d=1.1 축약 PCIT d=0.6 WL d=0.2	Nixon et al., 2003
행동문제로 의뢰된 유아(미국) N=70	PCIT	53%	보고되지 않음	Timmer et al., 2006
적대적 반항장애와 지적장애를 더불 진단받은 취학전 아동(미국) N=30	PCIT	PCIT: 33% WL: 20%	칭찬+반영+행동기술(CLP) PCIT d=1.9 WL d=0.4 질문+명령+비난(CLP) PCIT d=-2.7 WL d=-0.8	Bagner & Eyberg, 2007
행동문제로 지역사회 관계자에게 의뢰된 아동(미국) N=154	PCIT	67%	칭찬+반영+행동기술(CLP) d=2.9[b]	Pearl et al., 2012
행동문제로 의뢰된 아동(미국) N=120	PCIT 가정 PCIT	PCIT: 72% 가정 PCIT: 66%	보고되지 않음	Lanier et al., 2011

PCIT: 부모-아동 상호작용치료, CLP: 아동주도 놀이, PLP: 부모주도 놀이, CU: 정리, WL: 대기 명단

[a] 아동중심 상호작용 전에 부모중심 부모중심 상호작용을 받은 표본의 절반

[b] 부모 21명 표본 자료

〈표 1-3〉 복지/학대 집단 아동에 대한 부모-아동 상호작용치료(PCIT) 관련 연구의 아동 성과

집단	모델	아동 행동에 대한 행동주의 평가	아동 행동에 대한 부모 보고	문헌
신체적 학대 부모와 신체적으로 학대당한 아동	ME+PCIT[a] ME+EPCIT[a] CS	보고되지 않음	외현화(CBCL) ME+PCIT $d=-1.9$ ME+PCIT $d=-3.6$ CS $d=-0.9$ 내재화(CBCL) ME+PCIT $d=-3.1$ ME+EPCIT $d=-1.8$ CS $d=-1.2$	Chaffin et al., 2004
파괴적 행동을 하는 양자 유아의 위탁부모 N=30	집단 PCIT (2일 워크숍)	보고되지 않음	ECBI 집단 PCIT $d=-0.8$	McNeil et al., 2005
파괴적 행동을 하는 양자의 위탁부모 (미국) N=54; 65	PCIT	보고되지 않음	ECBI PCIT $d=-1.2$ 외현화(CBCL) PCIT $d=-0.5$ 내재화(CBCL) PCIT $d=-0.6$	Timmer et al., 2006
학대하는 부모(신체적 학대 그리고/또는 무관심한)와 학대당한 아동(미국) N=192	ME+PCIT[a] CSOR+PCIT[a] CSOR+CS ME+CS	보고되지 않음	보고되지 않음	Chaffin et al., 2011

자녀 학대 혹은 자녀 학대 위험이 있는 엄마(호주) N=150	PCIT		ECBI PCIT $d=-1.3$ 위현화(CBCL) PCIT $d=-0.8$ 위현화(CBCL) PCIT $d=-0.6$	Thomas & Zimmer-Gembeck, 2011
아동학대 혹은 그 위험이 있는 가정(호주) N=151	단기 PCIT[c] WL	보고되지 않음	ECBI PCIT $d=-0.4$ WL $d=-0.2$	Thomas & Zimmer-Gembeck, 2012
아동학대 위험이 있는 가정(미국) N=83	가정 PCIT	순종 (PLP) 가정 PCIT $d=1.5$	ECBI 가정 PCIT $d=-1.2$	Galanter et al., 2012
아동학대로 의뢰된 부모(54%) 그리고/또는 아동 행동문제를 관리하는 조력자(2~8세 아동)(미국) N=27	집단 PCIT[d]	보고되지 않음	ECBI 집단 PCIT $d=-0.9$	Nieter et al., 2013

ME+PCIT: 동기강화 지도(motivational enhancement orientation)와 PCIT, ME+EPCIT: 동기강화 지도와 강화된 PCIT(부모 우울이나 약물 남용, 가정 문제, 부부 문제, 가정 문제를 표적으로 하는 강화된 개별화 서비스), CBCL: 아동행동 체크리스트(Achenbach, 2000), CSOR+PCIT: 지역사회 서비스와 PCIT, CSOR+CS: 지역사회 서비스 지도와 지역사회 서비스, ME+CS: 동기강화 지도와 지역사회 서비스, ECBI: 아이버그 아동 행동 검사, Ab PCIT: 축약 PCIT(아동중심 상호작용 (Child-Directed Interaction: CDI) 단계에서 부모중심 상호작용(PDI) 단계로의 전환은 부모의 행동주의 부모역할 기술에 대한 평가에 상관없이 6~8회기 이후에 발생함, WL: 대기 명단, CLP: 아동주도 놀이, PLP: 부모주도 놀이)

[a] 이 연구에서 사용된 PCIT 버전에서 부모는 행동주의 부모역할 기술을 위한 숙달 기준을 충족할 필요가 없음.

[b] 이 연구에서 사용된 PCIT 버전에서 부모의 행동주의 부모역할 기술에 대한 코딩은 수행되지 않았으며 부모는 부모중심 상호작용(PDI)을 배우기 전에 아동중심 상호작용(CDI)에서 특정 숙달 기준을 충족할 필요가 없음.

[c] 단기 PCIT(부모는 숙달 기준을 충족할 필요가 없고 중재는 최대 12회기 최기가 수행된 후에 종결됨)

[d] 이 연구에서 사용된 PCIT 집단 버전에서 부모는 3회기의 CDI 교정과 5회기의 PDI 교정을 받음. 가족은 PDI로 진행하기 위해 CDI를 위한 숙달 기준을 충족하지 않아도 됨.

〈표 1-4〉 복지/학대 아동 집단에 대한 부모-아동 상호작용치료(PCIT) 관련 연구의 중단율과 부모 성과

집단	모델	중단율	부모행동	문헌
신체적 학대 부모요-신체적으로 학대당한 아동	ME+PCIT ME+EPCIT[a] CS	보고되지 않음	신체적 학대에 대한 재보고[b] ME+PCIT: 19% ME+EPCIT: 36% CS: 49% 부정적 부모 행동 ME+PCIT $d=-3.7$ ME+EPCIT $d=-2.8$ CS $d=1.7$ 긍정적 부모 행동 ME+PCIT $d=1.0$ ME+EPCIT $d=1.3$ CS $d=-0.4$	Chaffin et al., 2004
과격적 행동을 하는 양자 유아의 위탁부모(미국) N=30	집단 PCIT[b] (2일 워크숍)	10%	보고되지 않음	McNeil et al., 2005
과격적 행동을 하는 양자의 위탁부모(미국) N=75	PCIT	52%	보고되지 않음	Timmer et al., 2006
학대하는 부모와 학대당한 아동(미국) N=192	ME+PCIT CSOR+PCIT CSOR+CS ME+CS	20%	학대에 대한 재보고[c] ME+PCIT: 29% CSOR+PCIT: 47% CSOR+CS: 41% ME+CS: 34%	Chaffin et al., 2011
자녀 학대 혹은 거나 학대 위험이 있는 엄마(호주) N=150	PCIT	PCIT: 58%	아동 보호에 대한 통보 PCIT 종료자: 17% PCIT 중단자: 43% 칭찬: $d=1.9$ Desc & Ref.: $d=1.2$ 질문 $d=-1.7$ 명령 $d=-0.6$	Thomas & Zimmer-Gembeck, 2011

자녀 학대 혹은 자녀 학대 위험이 있는 가족(호주) N=151	단기 PCIT[d] WL	단기 PCIT[d]: 32%	정착 %(CLP) 단기 PCIT[d] $d=1.3$ WL $d=0.1$ 비난 %(CLP) 단기 PCIT $d=-0.3$ WL $d=-0.2$	Thomas & Zimmer-Gembeck, 2012
아동학대 위험이 있는 가족(미국) N=83	가정 PCIT	35%	긍정적(CLP) 가정 PCIT $d=1.9$	Galanter et al., 2012
아동학대로 의뢰된 부모(54%) 그리고/또는 아동의 행동문제를 관리하는 보조원(미국) N=27	집단 PCIT	37%	친사회적(CLP) $d=1.2$	Nieter et al., 2013

PCIT: 부모-아동 상호작용치료, d: 코헨의 d(사전-사후 변화를 산출), ME+PCIT: 동기강화 지도와 PCIT, ME+EPCIT: 동기강화 지도와 강화된 PCIT(부모 우울이나 약물 남용, 가정 문제, 부부 문제, 가정 문제를 표적으로 하는 강화된 개별화 서비스), CS: 지역사회 서비스, CSOR+PCIT: 지역사회 서비스 지도와 PCIT, CSOR+CS: 지역사회 서비스 지도와 지역사회 서비스, ME+CS: 동기강화 지도와 지역사회 서비스, Desc: 기술, Ref: 반영, WL: 대기 명단, CLP: 아동주도 놀이, PLP: 부모주도 놀이

a 이 연구에서 사용된 PCIT 버전에서 부모는 특정 숙달 기준을 충족시킬 필요가 없음.
b 주후 중간값은 850일
c 주후 중간값은 904일
d 단기 PCIT(부모는 숙달 기준을 충족시킬 필요가 없으며 중재는 최대 12회기의 코칭이 수행된 후에 종료됨)
e 이 연구에서 사용된 PCIT의 집단 버전에서 부모는 3회기의 CDI 코칭과 5회기의 PDI 코칭을 받음. 가족은 PDI로 진행하기 위해 CDI에 대한 숙달 기준을 충족하지 않아도 됨.

□ 결론

행동주의 관점에 기초한 부모-아동 상호작용 중재 관련 연구에서는 부모에게 자녀의 긍정적인 행동에 주의를 기울이고, 잘못된 행동을 무시하며, 명확하고 직접적인 명령을 사용하고, 불순종이나 공격에 대해서는 정적 강화로부터 타임아웃 시킬 것을 가르치라고 주장하는데, 이러한 중재는 파괴적 행동이나 그 위험이 있는 아동이 가족 내에 있을 때 그 아동의 파괴적 행동, 불안, 트라우마 증상을 감소시키는 것과 관련된다. 행동주의 양육 중재는 자녀를 학대한 경력이 있거나 그 위험이 있는 부모의 학대 보고가 감소하는 것과 관련이 있다. 행동주의 양육 중재의 단점은 중재가 종료되기 전에 중단하는 가정이 많다는 것이다.

참고문헌

Achenbach, T. R. L. (2000). *Manual for the ASEBA preschool forms & profiles*. Burlington: SEBA.

Aragona, J., & Eyberg, S. (1981). Neglected children: Mothers' report of child behavior problems and observed verbal behavior. *Child Development, 52*(2), 596-602.

Bagner, D., & Eyberg, S. (2007). Parent-child interaction therapy for disruptive behavior in children with mental retardation: A randomized controlled trial. *Journal of Clinical Child and Adolescent Psychology, 36*(3), 418-429.

Chaffin, M., Silovsky, J., Funderburk, B., Valle, L., Brestan, E., Balachova, T., Jackson S., Lensgraf J., & Bonner, B. (2004). Parent-child interaction therapy with physically abusive parents: Efficacy for reducing future abuse reports. *Journal of Consulting and Clinical Psychology, 72*(3), 500-510.

Chaffin, M., Funderburk, B., Bard, D., Valle, L., & Gurwitch, R. (2011). A combined motivation and parent-child interaction therapy package reduces child welfare recidivism in a randomized dismantling field trial. *Journal of Consulting and Clinical Psychology.* doi:10.1037/a0021227.

Eisenstadt, T. H., Eyberg, S. M., McNeil, C. B., Newcomb, K., & Funderburk, B. (1993). Parentchild interaction therapy with behavior problem children: Relative effectiveness of two stages and overall treatment outcomes. *Journal of Clinical Child Psychology, 22,* 42-51.

Eyberg, S., & Funderburk, B. (2011). *Parent-child interaction therapy protocol.* Gainesville: PCIT International, Inc.

Eyberg, S., Nelson, M., Ginn, N., Bhuiyan, N., & Boggs, S. (2013). *Dyadic parent-child interaction coding system (DPICS)* (4th ed.). Gainesville: PCIT International, Inc.

Forehand, R., & McMahon, R. (1981). *Helping the noncompliant child: A clinician's guide to parent training.* New York: The Guilford.

Forster, A., Eyberg, S., & Burns, L. (1990). Assessing the verbal behavior of conduct problem children during mother-child interactions: A preliminary investigation. *Child & Family Behavior Therapy, 12*(1), 13-22.

Galanter, R., Self-Brown, S., Valente, J., Dorsey, S., Whitaker, D., Bertuglia-Haley, M., & Prieto, M. (2012). Effectiveness of parent-child interaction therapy delivered to at-risk families in the home setting. *Child & Family Behavior Therapy, 34,* 177-196.

Hanf, C. (1969). *A two-stage program for modifying maternal controlling during mother-child (M-C) interaction.* Paper presented at the Western Psychological Association, Vancouver, BC.

Hanf, C., & Kling, J. (1973). *Facilitating parent-child interaction: A two-stage training model.* Oregon: University of Oregon Medical School.

Hembree-Kigin, T., & McNeil, C. (1995). *Parent-child interaction therapy.* New York: Plenum Press.

Lanier, P., Kohl, P., Benz, J., Swinger, D., Mousette, P., & Drake, B. (2011). Parent-child interaction therapy in a community setting: Examining outcomes, attrition, and treatment setting. *Research on Social Work Practice, 21*(6), 689-698.

Mash, E., & Johnston, C. (1983). The prediction of mothers' behavior with their hyperactive children during play and task situations. *Child & Family Behavior Therapy, 5,* 1-14.

McMahon, R., & Forehand, R. (2003). *Helping the noncompliant child: Family-based treatment for oppositional behavior* (2nd ed.). New York: Guilford.

McNeil, C., & Hembree-Kigin, T. (2010). *Parent-child interaction therapy* (2nd ed.). New York: Springer.

McNeil, C., Eyberg, S., Eisenstadt, T. H., Newcomb, K., & Funderburk, B. (1991). Parent-child interaction therapy with behavior problem children: Generalization of treatment effects to the school setting. *Journal of Clinical Child and Adolescent Psychology, 20*(2), 140-151.

McNeil, C., Herschell, A., Gurwitch, R., & Clemens-Mowrer, L. (2005). Training foster parents in parent-child interaction therapy. *Education & Treatment of Children, 28*(2), 182-196.

Menting, A., de Castro, B., & Matthys, W. (2013). Effectiveness of the incredible years parent training to modify disruptive and prosocial child behavior: A meta-analytic review. *Clinical Psychology Review, 33,* 901-913.

Nieter, L., Thornberry, T., & Brestan-Knight, E. (2013). The effectiveness of group parentchild interaction therapy with community families. *Journal of Child and Family Studies, 22,* 490-501.

Nixon, R., Sweeney, L., Erickson, D., & Touyz, S. (2003). Parent-child interaction therapy: A comparison of standard and abbreviated treatments for oppositional defiant preschoolers. *Journal of Consulting and Clinical Psychology, 71*(2), 251-260.

Owen, D., Slep, A., & Heyman, R. (2012). The effect of praise, positive nonverbal response, reprimand, and negative nonverbal response on child compliance: A systematic review. *Clinical Child and Family Psychology Review, 15,* 364-385.

Patterson, G. (1982). *Coercive family process.* Eugene: Castalia Publishing Company.

Pearl, E., Thieken, L., Olafson, E., Boat, B., Connelly, L., Barnes, J., & Putnam, F. (2012). Effectiveness of community dissemination of parent-child interaction therapy. *Psychological Trauma: Theory, Research, Practice, and Policy, 4*(2), 204-213.

Robinson, E., & Eyberg, S. (1981). The dyadic parent-child interaction coding system: standardization and validation. *Journal of Consulting and Clinical Psychology, 49*(2), 245-250.

Schuhmann, E., Foote, R., Eyberg, S., Boggs, S., & Algina, J. (1998). Efficacy of parent-child interaction therapy: Interim report of a randomized trial with short-term maintenance. *Journal of Clinical Child Psychology, 27*(1), 34-45.

Speltz, M., DeKlyen, M., Greenberg, M., & Dryden, M. (1995). Clinic referral for oppositional defiant disorder: Relative significance of attachment and behavioral variables. *Journal of Abnormal Child Psychology, 23*(4), 487-507.

Thomas, R., & Herschell, A. (2013). Parent-child interaction therapy: A manualized intervention for the therapeutic child welfare sector. *Child Abuse & Neglect, 37,* 578-584.

Thomas, R., & Zimmer-Gembeck, M. (2011). Accumulating evidence of parent-child interaction therapy in the prevention of child maltreatment. *Child Development, 82*(1), 177-192.

Thomas, R., & Zimmer-Gembeck, M. (2012). Parent-child interaction therapy: An evidencebased treatment for child maltreatment. *Child Maltreatment, 17*(3), 253-266.

Timmer, S., Urquiza, A., & Zebell, N. (2006). Challenging foster caregiver-maltreated child relationships: The effectiveness of parent-child interaction therapy. *Children and Youth Services Review, 28,* 1-19.

Troutman, B., Moran, T., Arndt, S., Johnson, R., & Chmielewski, M. (2012). Development of parenting self-efficacy in mothers of infants with high negative emotionality. *Infant Mental Health Journal, 33*(1), 45-54.

Urquiza, A., Zebell, N., McGrath, J., & Whitten, L. (2011). *Course of treatment manual for PCIT-TC.* Davis: University of California at Davis. http://pcit.ucdavis.edu.

Webster-Stratton, C. (1982). Teaching mothers through videotape modeling to change their children's behavior. *Journal of Pediatric Psychology, 7*(3), 279-294.

제2장

애착이론을 통한 부모-아동 상호작용 조망

> "엄마에게 애착을 안정적으로 형성하고 있는 아동은
> 항상 엄마와 가까이 있거나 접촉하고 있을 필요가 없다.
> 그 아동은 엄마가 거기에 있다는 것을 아는 한 멀리 떨어져도 괜찮은 것이다.
> 아동은 스스로 방을 나갈 수도 있는데, 그렇게 행동하는 그의 태연함은 자신의
> 안전기지가 없어져 버렸을 때 갖는 당황스러움과는 대조적인 단호한 것이다."
>
> (Ainsworth, 1967)

　　세 살 난 에이미, 베티, 캐시[1]가 자신의 엄마들과 함께 공원에 왔다. 에이미와 베티는 엄마가 공원 벤치에 앉자 그네로 뛰어갔다. 캐시는 엄마의 소맷자락을 당기면서 미끄럼틀에 가자고 징징거렸다. 캐시의 엄마는 벤치에 앉아 휴대폰을 꺼내면서 "가서 놀아."라고 말했다. 캐시는 계속 "같이 가."라고 말하면서 징징거렸다. 캐시의 엄마는 한숨을 쉬며 휴대폰을 주머니에 넣고 캐시를 따라 미끄럼틀로 갔다. 미끄럼틀에 가자 캐시는 "너무 높아. 무서워. 그네 탈래."라고 했다. 그네를 타던 에이미와 베티가 동시에 그네에서 뛰어내리면서 앞으로 넘어져 머리를 부딪혔다. 에이미는 일어나서 옷을 털고 미끄럼틀로 걸어갔다. 베티는

---

1) 이 글은 부모-아동 상호작용을 애착 관점에서 설명하기 위해 작성된 가상의 글이다.

울음을 터뜨리면서 엄마에게로 걸어갔다. 베티의 엄마는 "많이 아팠어?"라고 공감을 표현하면서 팔을 벌려 베티를 맞을 준비를 했다. 베티는 말없이 고개를 끄덕이면서 엄마에게 안겼다. 한참을 안겨 있다가 베티가 "미끄럼틀 타러 갈래."라고 말하자 엄마는 "그래."라고 대답했고, 베티는 미끄럼틀로 뛰어갔다.

❑ 애착이론

John Bowlby와 Mary Ainsworth는 관계에 관한 과학적 발전을 위해 일상적인 용어가 아닌 **애착**이라는 용어를 발전시켰다(Ainsworth, 1967; Ainsworth et al., 1978; Bowlby, 1969).

예를 들어, 앞의 놀이 상황을 본 사람이라면 캐시를 '지나치게 애착된' 아이, 에이미는 '애착되지 않은' 아이로 기술할지도 모르겠지만, 애착이론가들은 애착의 패턴에 주목할 것이다. 애착이론의 관점으로 보았을 때, 베티는 안정 애착으로 보이는 탐색과 애착 간의 균형을 나타내고 있다. 비록 캐시가 베티와 에이미에 비해 좀 더 근접성을 추구하고 접촉 유지행동을 나타내긴 하지만, 캐시를 '더 애착된' 상태에 있는 것으로 판단하지는 않는다. 유사하게, 에이미가 다쳤을 때 위안을 찾지 않았기 때문에 '애착되지 않은' 상태에 있다고 판단하지는 않는다. 대신에, 이들의 엄마와의 상호작용 패턴은 엄마와의 근접성을 유지하는 기회를 극대화하는 애착 패턴으로 설명될 것이다.

□ 애착이론의 발달

부모-아동 상호작용을 애착이론의 관점에서 보기 위해서는 애착이론이 어떻게 발달했고 애착이론의 개념이 어떻게 작동하는지를 이해하는 것이 필요하다. 애착이론은 분리와 상실의 영향을 연구하는 것으로 시작되었다. 정신분석학자인 Melanie Klein과 함께 연구 활동을 해 왔던 소아정신과 의사인 John Bowlby는 1940년대—제2차 세계대전으로 인해 애착 관계가 상실 및 파괴된 시대—에 영국에서 애착이론에 관한 자신의 생각을 발전시키고 아동을 양육자로부터 분리시켰을 때의 영향을 기록하기 시작했다.

Bowlby의 동료이면서 사회사업가이자 정신분석학자인 James Robertson은 유아가 양육자로부터 분리되었을 때 거치는 3단계—항변, 절망, 고립—를 기술하였다(Robertson, 1953b). 유아를 주 양육자에게서 분리하였을 때의 유아의 반응을 담은 Robertson의 동영상은 강력하면서도 부정할 수 없는 자료이다(예: Robertson 1953a, 1971). James Robertson과 그의 아내이자 사회사업가이면서 정신분석학자인 Joyce Robertson은 대체 양육의 질뿐만 아니라 분리 전 애착 관계의 질이 양육자로부터 분리된 후의 아동의 반응에 영향을 미친다는 사실을 알아냈다(Robertson & Rovertson, 1989). Robertson 부부는 사회사업가로서의 면모에 걸맞게 주 양육자로부터의 분리의 영향을 알리기 위한 운동을 끊임없이 했다. 예를 들어, 자신의 집에 아동을 들여 양육하면서 아동이 분리되는 동안에 자신이 아동을 어떻게 지원하는지뿐만 아니라 분리에 대한 아동의 반응을 상세히 기술했다. James Robertson은 또한 양육자로부터 아동을 분리하는 것의 영향을 알리기 위해 병원과도 협력하면서 아동이 입원해 있을 때 부모의 방문을 제한하는 정책을 변화시키기 위해 힘썼다.

심리학자로 훈련받았던 Bowlby와 Robertson의 동료인 Mary Ainsworth 또한 분리 이전의 애착 관계의 질이 분리에 대한 반응에 어떻게 영향을 미치는지에 대한 연구에 흥미를 가지고 있었다. 그녀는 또한 분리의 영향을 평가하기 위해서는 아동이 양육자에게 애착을 형성하고 있는지의 여부를 결정할 필요가 있음을 알게 되었다. 이 목적을 염두에 두면서, 그녀는 영아가 젖을 뗄 때 엄마와 일시적으로 분리된다고 들은 바 있는 우간다에서 26명의 엄마와 영아에 관한 자연스럽고 관찰 가능한 연구를 시작하였다(Ainsworth, 1967). 비록 영아의 대다수가 이유 시기에 분리되지 않았지만, Ainsworth의 관찰과 현장 노트로부터 애착 발달에 관한 중요한 통찰을 얻게 되었다. 그녀는 영아가 특정 양육자에게 애착을 형성했음을 알게 해 주는 영아의 몇 가지 서로 다른 행동(〈표 2-1〉의 목록)을 밝혀냈다. Ainsworth는 이러한 행동이 애착의 지표가 되는 것 외에도 애착 관계의 발달을 촉진한다는 것에 주목하였다. 예를 들어, 엄마가 방에 들어올 때 엄마에게 기쁨과 인사를 표현하는 것은 영아가 엄마에게 애착을 형성하고 있다는 표시이지만, 이것은 또한 아이에 대한 엄마의 긍정적인 감정을 증가시킴으로써 긍정적인 애착 관계에 기여하기도 한다. 애착이론의 관점에서 주 양육자에게 애착을 형성하지 않거나 '약한' 애착을 가진 것은 매우 바람직하지 않은 일이다. 주 양육자에게 특별한 애착을 발달시키지 못한 것은 큰 약점이 될 것이다. 애착 패턴이 불안정적인 경우 부정적인 발달 결과를 가져오긴 하지만, 애착 패턴은 아동이 양육자에게 애착을 유지하는 적응 전략으로 보인다.

〈표 2-1〉 영아가 특별한 양육자에게 애착을 형성했음을 암시하는 행동

행동	예
구별되는 울음	낯선 사람이 아이를 안으면 운다. 양육자가 낯선 사람으로부터 아이를 데려오면 울음을 그친다.
구별되는 미소	아이는 양육자에게 자주, 기꺼이 미소 짓는다. 양육자가 아이에게 미소 짓는다. 아기는 낯선 사람에게 경계하듯 미소 짓고 외면한다.
구별되는 소리	아이는 양육자와 상호작용하면서 더 자주, 기꺼이 소리를 낸다.
양육자가 떠날 때 울기	아이가 바닥에서 느긋하게 놀이를 하고 있고 양육자의 존재는 안중에도 없는 듯이 보인다. 양육자가 방을 나가면 아이는 울기 시작한다.
양육자를 따르기	양육자가 방을 나가면 아이는 양육자를 따라 기어간다.
양육자에게 시각적으로 향하기	아이는 바닥에서 놀고 있다. 양육자가 방을 가로질러 걸어가자 아이는 양육자가 걸어가는 곳을 눈으로 따라가며 쳐다본다.
인사하는 반응	양육자가 방으로 들어오자 아이가 미소짓고 소리 내며 양육자에게 손을 뻗친다.
기어오르기	엄마에게 기어올라 머리나 옷을 가지고 논다.
양육자 무릎에 얼굴을 숨기기	아이는 엄마에게 기대어 서 있고 낯선 사람이 아이에게 장난감을 내민다. 아이는 장난감을 받아 돌아서서 양육자의 무릎에 얼굴을 파묻는다.
이동하여 접근하기	아이는 양육자에게 기어간다.
뽀뽀하기와 안기	아이가 먼저 양육자에게 뽀뽀하고 안는다. 양육자가 안으면 폭 안긴다.
탐색을 위한 안전기지로 양육자를 사용하기	강아지가 꼬리를 흔들며 방으로 들어온다. 아이는 부모를 쳐다보면서 강아지에게 기어가기 시작한다.
안전한 은신처인 양육자에게로 가기	아이가 강아지 가까이로 기어간다. 아이가 울기 시작하면서 뒤로 돌아 양육사에게 기어간다.
달라붙기	양육자가 놀란 아이를 위로한다. 양육자가 아이를 바닥에 내려놓으려 하지만 아이는 양육자에게 찰싹 달라붙는다.

출처: Ainsworth(1967).

□ 애착 발달 단계

Ainsworth(1967; Ainsworth et al., 1978)와 Bowlby(1969)는 아동-부모 **애착 발달의 4단계**를 보고하였다. 발달이 이루어지는 처음 몇 개월 동안에 아동은 애착 관계를 유지하는 데에 더욱 적극적으로 임한다. 1세 후반기로 가면서 명확한 애착을 발달시키는 시점까지 영아는 주 양육자와의 경험에 기초하여 그와의 관계 패턴을 발달시킨다. 3.5세나 4세경에 4단계에 도달할 때 아동-부모 관계는 진정한 갈등과 협력이 가능한 '목적 지향의 파트너십'이 된다. 〈표 2-2〉는 애착 발달 단계에 대한 설명이다.

□ 애착의 질 평가하기

아동이 언제 양육자에게 애착을 형성하는지에 대한 지표를 찾는 것 외에도, Ainsworth는 현장 연구에서 **애착 관계의 질**을 설명하기 위해 관찰을 하였다. Ainsworth(1967)는 처음에 이것을 애착 관계의 강도 혹은 안정성으로 보았는데 나중에 다음과 같은 설명을 덧붙이면서 독자적으로 안정(security)이라는 용어를 사용하였다(Ainsworth et al., 1978). "분명히 처음에는 애착의 강도를 평가하고자 한 것이었는데, 단순히 애착 행동의 세기나 강도를 평가하는 것으로 되는 게 아니라는 것을 깨닫고는 벽에 부딪혔다. 이것은 상황이 반영되는 것이고, 더욱이 자연 상황에서 강한 애착 행동을 하려는 불안정한 애착을 형성하고 있는 아이도 있다."(Ainsworth, 1988)

영아-엄마 상호작용에 대한 자연 관찰에 근거하여, Ainsworth 등(1978)은 영아-엄마 애착의 질에서의 개인차를 결정하기 위해 **낯선 상황**

〈표 2-2〉 아동-부모 애착 단계

단계	Ainsworth 명칭	Bowlby 명칭	연령	설명
1	초기 애착전 단계	형태 구별 없는 방향정위와 신호	출생에서 8~12주	믿는 사람에게 접근하기 위해 울기, 미소 짓기, 소리 내기를 사용. 접촉을 찾고 유지하기 위해 헤집기, 빨기, 움켜쥐기를 사용
2	애착 형성	구별되는 한 가지(혹은 더 많은) 형태를 지향하는 방향정위와 신호	12주에서 약 6개월	특정 개인(주 양육자)에게 애착행동(근접성을 촉구하는 행동)을 함. 다른 사람보다 이러한 애착 대상에게는 울기 같은 애착행동은 종료됨. 만일 타인 중 한 명 혹은 두 명을 더 좋아하는 것이 애착에 대한 준거라면 아이는 이 애착 단계에 있는 것으로 볼 수 있음.
3	명확한 애착	신호뿐만 아니라 운동에 의해 구별되는 형태에의 근접 유지	약 6개월에서 3.5세 혹은 4세(주 양육자의 수가 제한적이지 않은 영아는 시작시기가 지연됨)	아이가 주 양육자와 다른 사람을 분명하게 구별함. 아이는 기어가서 애착 대상과 가까이 있으려고 하고 안기기와 매달리기로 접촉을 유지하려 함. 주 양육자가 돌아왔을 때 인사함. 아이는 환경을 적극적으로 탐색함. 주 양육자를 탐색을 위한 안전기지로 삼고 놀랐을 때의 피난처로 삼음. 아이는 애착 대상의 반응을 참고하여 애착행동의 조직화를 배움(애착 모델 작동의 시작). Ainsworth는 이것을 애착의 시작시기로서, 목적-수정 애착행동의 시작시기로 봄.
4	목적-수정 파트너십	목적-수정 파트너십	3.5세 혹은 4세에서 성인기	아동은 덜 자기중심적이고 양육자의 관점에서 상황을 더 잘 볼 수 있음. 언어발달은 좀 더 복잡한 파트너십의 발달을 촉진함. 갈등 상황을 더 잘 인식하고 부모와의 협상과 서로 수용할 수 있는 타협점에 더 잘 도달할 수 있음.

출처: Ainsworth (1967); Ainsworth et al. (1978); Bowlby (1969).

절차(Strange Situation Procedure: SSP)로 알려진 표준화된 관찰 평가를 개발했다. 이 절차는 환경을 탐색하는 것과 애착 대상에게 접근하는 것 간의 균형을 평가하도록 고안된 일련의 상황을 포함하고 있다. 부모와 아동이 관심을 끄는 장난감(탐색 행동을 촉진하는)을 가지고 놀이실로 들어간다. 아동은 애착 행동이 촉발되도록 꾸며진 일련의 긴장 상황에 직면하게 된다. 즉, 낯선 사람이 등장하여 엄마에게 먼저 말을 걸고 아동에게 상호작용을 시작하는 것, 엄마가 아동을 낯선 사람과 함께 두고 나가는 일시적인 첫 분리, 아동이 방에 혼자 남겨지는 일시적인 두 번째 분리 등이다. 각 상황은 3분 동안 지속된다. 그러나 영아가 힘들어하면 양육자로부터의 분리는 일찍 종료된다.

애착의 질 혹은 패턴은 관찰을 통한 SSP에서의 영아나 아동 행동에 따라(예, 근접 추구, 접촉 유지, 회피, 저항) 분류되었다. 애착 관계의 안정성을 평가함에 있어, 분리 후에 나타나는 엄마와의 재회에 대한 아동의 반응은 매우 중요하다. 코딩체계가 복잡함에도 불구하고 잘 훈련받은 관찰자가 SSP를 코딩했을 때 평가자간 신뢰도는 좋았다(예, 80~90% 동의; kappa=0.69~0.72; Cassidy et al., 2011; NICHD Early Child Care Research Network, 1997). SSP 코딩 훈련에 대한 정보는 애착 훈련 웹 사이트 http://attachment-training.com/at/에서 얻을 수 있다. SSP는 많은 가정 관찰과 종단적 연구 결과로 지지되고 있는 절차로서, 영아-부모 애착의 질을 평가하기 위한 '표준'으로 여겨지고 있다(Zeanah et al., 2011).

Ainsworth 등(1978)이 애초에 규명한 애착의 세 가지 패턴은 이제 애착 패턴으로 굳어졌다. Ainsworth는 처음에 애착의 서로 다른 패턴을 설명하면서 각 패턴에 문자를 부여했는데, 그 후로 오랫동안 이 문자가 사용되었다. 안정적으로 애착을 형성한 영아와 유아(B)는 근접 추구와 탐색 간의 균형을 나타낸다. 그들은 불확실하거나 공포를 일으키는 상황에서 고통을 직접적으로 전달하고, 고통스러울 때 엄마 가까이에 있으려고 하며, 엄마가 달래면 안정을 되찾고 탐색으로 돌아간다. 다른 두 가지 애착 패턴은 영아 혹은 유아가 주 양육자를 찾고 근접을 유지하려고 하는 패턴(불안정-양가성/저항, C)과, 환경을 탐색하는 것에 주로 초점을 맞추는 패턴(불안정-회피, A)이다. Ainsworth의 이 분류체계를 사용한 초기의 연구에서(N=106) 아동-양육자의 66%는 안정 애착(B)을, 22%는 회피 애착(A)을, 그리고 12%는 양가성/저항 애착(C)을 나타냈다(Ainsworth et al., 1978).

Main과 Solomon(1990)은 아동과 부모의 비디오테이프를 보고 Ainsworth의 애착 분류에 '맞지' 않는 나머지 애착 분류(D)를 완성했다. 이들 아동-부모 대상에서 영아는 양육자가 함께 있는 스트레스 상황일 때 다양한 갈등 행동을 나타냈다. 이러한 갈등 행동은 Ainsworth가 분류한 패턴과 일치하지 않았고, 영아가 스트레스 상황에서 정서를 조절하기 위해 엄마를 효과적으로 사용하지 못하는 무능력으로 이해되었다(Main & Solomon, 1990; van Ijzendoorn et al., 1999). 이러한 무능력의 범위는 전형적인 애착 패턴을 일시적으로 갖지 않는 것부터 전반적으로 패턴을 갖지 않는 것까지 다양하다.

전형적인 패턴을 갖지 않는 것으로 분류되는 대부분의 영아-엄마에게는 두 번째로 잘 맞는 Ainsworth 등(1978)의 분류가 주어진다. 예를 들어, 혼란/안정(D/B)[2]으로 분류되는 영아는 고통스러울 때 위안을 찾아 부모에게 가는 패턴을 나타내지만 위안을 찾는 상황에서 갈등 행동을 나타낸다(예, 일시적으로 얼어붙거나 부모 가까이에서 머리를 비틀거나 부딪치는 상동 행동을 하거나 위안을 위해 부모에게 되돌아감). 영아-부모가 전반적인 혼란을 나타내서 제2의 분류를 갖게 되는, 상대적으로 드물게 나타나는 경우는 혼란으로 분류되거나 애착 분류가 불가능한 경우이다.

---

2) 혼란/안정 애착으로 분류된 대상은 불안정 애착을 형성한 것으로 간주되는데, 이는 애착 명명이 다소 애매한 경우로, Lyons-Ruth와 Spielman(2004)은 이 집단을 혼란-접근이라고 하였다.

SSP와 코딩체계는 유아(2~6세; Cassidy et al., 1992)와 6세(Main & Cassidy, 1985)에게 사용될 수 있도록 수정되었다. 취학전 아동을 위한 수정된 SSP에 대한 문헌이 점점 많아지고 있고, 이로써 그것이 유아의 애착 안정성을 평가하는 가장 타당한 것으로 입증되고 있다(Greenberg et al., 1991; Moss et al., 2004; Speltz et al., 1990, 1995, 1999). 영아용 SSP처럼 취학전 아동용도 양육자로부터의 일시적인 분리를 사용한다. 초기 연구에서는 영아용 절차를 동일하게 따랐고 분리 시간은 길었다. 후기 연구에서는 영아용보다 분리 시간을 더 길게 했지만(5분과 3분) 낯선 사람의 등장은 사용하지 않았다. 현재 연구에서 사용되고 있는 취학전 아동을 위한 수정된 SSP는 다음과 같다. 부모와 아동이 5분 동안 놀이실에 들어가 머문 후, 부모는 아이를 남겨 둔 채 5분 동안 방을 나가 있고, 돌아와 5분 동안 머물고, 두 번째로 방을 떠나 5분을 보낸 후, 다시 돌아와 5분 동안 머문다(Moss et al., 2004, 2011). 6세 아동을 위한 절차는 아동이 낯선 사람과 함께 있고 한 번만 재회하는 1시간 분리를 사용한다(Main & Cassidy, 1985).

영아와 유아의 애착의 질을 평가할 때는 영아기와 초기 아동기 간에 주요 발달적 전환이 있음을 알아야 한다. 예를 들어, 안정 애착을 형성한 영아는 SSP에서 3분 분리되는 동안 우는 반면, 안정 애착을 형성한 취학전 아동은 5분 분리되는 동안 거의 울지 않는다.

영아기부터 학령기까지의 현저한 발달적 전환은 혼란 애착 관계를 가진 영아의 종단적 연구에서 볼 수 있다(Hesse & Main, 2000). 영아처럼 혼란 애착의 표시인 불안과 갈등 행동을 나타내는 학령기 아동 대부분은 부모와의 상호작용에서 6세 아동과 같은 통제적 패턴을 나타낸다. 이것은 그들이 관계를 맺음으로써 갈등과 불안을 해결한 것으로 보는 것이다. 〈표 2-3〉에는 영아와 취학전 아동의 **애착 패턴**이 상세하게 제시되어 있다.

〈표 2-3〉 영아 및 취학전 아동과 양육자 간 애착 패턴 특성

패턴	영아-부모	취학전 아동-부모
안정(B)	아이는 양육자와 분리된 동안 고통스러울 수 있음. 고통스럽다면 부모를 다시 만났을 때 부모와 접촉하려 하고 부모에 의해 쉽게 달래어짐. 아이는 분리 후에 저항이나 회피가 거의 없이 부모와의 상호작용을 적극적으로 하려 함. 아이는 분리 이후의 부모 등장에 미소, 울기, 접근 등으로 명백하게 자신의 인지를 표시함.	아동은 부모와의 상호작용에 흥미를 보임. 아동은 분리 동안에 울음을 거의 보이지 않지만 소리 없이 부모를 찾는 모습을 보일 수도 있음. 아동은 분리 동안에 부모와 재회할 때까지 놀이를 지속하면서 고통을 나타내지 않을 수도 있음. 아동은 부모의 등장에 편안한 기쁨을 나타내고 분리 전에 상호작용을 그만둔 곳에서 상호작용을 다시 시작함.
양가성/저항(C)	아이는 분리된 동안 고통을 받음. 재회 동안에는 저항과 양육자와의 접촉 추구를 모두 나타냄.	아동은 부모와의 상호작용에 매우 열중하고 탐색적 행동을 거의 나타내지 않음. 분리 동안에 매우 고통스러워함. 재회 시 접촉을 추구하면서도 저항함. 울화나 보채는 소리를 낼 수 있고 부모를 때릴 수도 있음.
회피(A)	아이는 분리되어 낯선 사람이 등장했을 때 고통스러워하지 않음. 흔히 장난감을 가지고 노는 척하면서 부모의 등장을 무시함.	아동은 탐색에 열중하면서 부모와의 특별한 관계를 의미하는 상호작용에 거의 흥미를 보이지 않음. 재회 시 아동은 부모를 피하거나, 예의 바르지만 형식적인 모습으로 상호작용을 할 수도 있음.
a혼란/통제(D)	양육자가 등장했을 때 아동은 ① 모순된 행동 패턴을 연속적으로 나타내고, ② 모순적 행동 패턴을 동시적으로 나타내며, ③ 불분명한, 잘못된, 불완전한, 방해적인 움직임과 표현을 보이고, ④ 상동적인, 부조화스러운 움직임, 때를 놓친 움직임, 이상한 자세를 보이며, ⑤ 얼어붙거나 움직이지 않고 느린 움직임과 표현을 보이고, ⑥ 비전형적이거나 혼란의 징조를 보임.	혼란: 양육자가 등장할 때 아동은 ① 기대되는 행동이 아닌 혼란스러운 행동, ② 불완전하거나 불분명한 움직임, ③ 당황이나 불안, 멍하거나 분별없는 표현, 혹은 우울한 정서를 보임. 혼란/통제: 재등장 시 아동은 상호작용을 통제함.

a 제2의 적합 패턴으로 대치됨(예, D/A).

출처: Ainsworth et al. (1978); Cassidy & Marvin (1992); Main & Solomon (1990).

□ 긍정적 양육 행동-애착 관점

Ainsworth의 연구에서 확인된 **안정 애착** 발달에 중요한 양육 행동은 아이의 애착 신호에 대한 민감한 반응, 즉 부모의 촉구, 일관성 그리고 적절한 반응이다(Ainsworth et al., 1978). 〈표 2-1〉에서 본 바와 같이, **애착 신호**에는 정서적으로 긍정적인 신호(예, 미소 짓기, 닿기, 따르기)와 부정적인 신호(예, 울기) 모두가 포함된다. 후속 연구에서는 영아의 고통에 대해 민감하게 반응하는 것이 안정적인 영아-부모 애착 발달에 매우 중요하다고 제안하였다(Del Carmen et al., 1993; van den Boom, 1988, 1989, 1994). 그러나 '민감한 반응'과 '반응'을 구별하는 것이 중요하다. 민감한 반응은 아이에게 반응을 보이는 시기를 아는 것과 아이가 자기조절을 위해 자신의 능력을 사용하도록 기다리는 시기를 아는 것 모두를 포함한다(Beebe et al., 2010; van IJzendoorn & Hubbard, 2000). 반응성과 안정 애착 간의 관계는 연구에 의해 지지되고 있다. 민감한 반응은 너무 많지도 너무 적지도 않은 '딱 맞는' 양의 반응을 의미한다(Beebe et al., 2010).

애착과의 연관성에 대해 강력한 경험적 지지를 받고 있는 양육 행동은 민감한 반응이다. 그러나 이 양육 행동은 애착의 안정성 중 일부만을 설명한다. 〈표 2-4〉는 안정 애착 발달과 관련 있는 기타 양육 행동을 요약한 것이다.

불안정 애착은 분명히 파괴적 행동의 위험 요인이다. 애착과 외현화 행동문제 간의 관련성을 알아보고자 69개의 연구를 메타분석한 연구에서는 통계적으로 유의미한 관계($d=0.31$)가 있음을 밝혔다(Fearon et al., 2010). 혼란 애착은 회피($d=0.12$)나 저항($d=0.11$)보다 외현화 행동문제($d=0.34$)와 더 강력한 관계를 가지고 있는 것으로 밝혀졌다.

〈표 2-4〉 안정 애착과 관련된 양육 행동

행동	정의	예
민감한 반응	부모는 영아의 애착 신호에 대해 신속한, 일관적인, 적절한 반응을 나타냄.	부모는 안달하는 아동의 등을 토닥임. 부모는 미소 지으며 자신에게 다가오는 아동을 발견함.
탐색 지원	부모는 아동의 탐색에 주의를 기울이고 어려운 일을 해결하기 위한 발판이 되어 줌으로써 환경 탐색을 위한 안전기지를 제공함.	아동은 장난감을 찾으려고 부모에게서 멀어져 기어가서, 블록을 가지고 돌아와 부모에게 보여 줌. 부모는 격려하는 미소를 짓고 "블록 찾았어?"라고 말함. 아동은 가구와 틈새를 잡고 방을 걸어 다님. 부모는 아동이 다음에 짚어야 할 가구에 닿을 때까지 아동을 지지하기 위해 손가락을 내밀어 줌.
동시적 상호작용	부모-아동 상호작용이 상호적이고 쌍방에게 보상이 됨. 부모는 강제적이지도 무반응적이지도 않음. 상호작용은 순서 지키기로 이루어짐. 이것은 '주고받는' 것임.	아동은 엄마에게 미소 지으며 소리를 내고 조용해짐. 부모는 "엄마한테 오늘 기분이 어떤지 말했어?"라고 말함. 아동은 다시 소리를 냄.
조율	부모의 얼굴표정과 행동이 아동의 내적 상태에 맞추어짐.	아동이 안달함. 부모는 아동을 들어 올리며 공감하는 얼굴표정을 보임. 아동은 빠르게 장난감으로 기어감. 부모는 "재미있게 놀고 있구나?"라고 말하며 활기찬 얼굴표정을 보임.
아동으로 인한 기쁨	아동이나 아동 활동에 대한 긍정적인 정서	아동이 자신의 손을 보며 바닥에 앉아 있음. 부모는 아동을 바라보면서 밝게 미소 지음.
긍정적인 신체 접촉	부모나 아동이 주도하는 부모와 아동 간 긍정적인 신체 접촉. 아동이 고통을 당할 때의 긍정적인 신체 접촉은 안정 애착 발달에 특히 중요함.	아동이 안달하고 부모는 아동을 들어 올려 등을 토닥여 줌. 아동은 부모의 무릎에 기대고 부모는 몸을 굽혀 아동을 안아 줌.

출처: Ainsworth (1967); Ainsworth et al. (1978); Beebe et al. (2010); Bernier et al. (2014); Britner et al. (2005); De Wolff & Van Ijzendoorn (1997).

□ 애착이론에 근거한 중재에 관한 연구

영아/유아 그리고 부모를 대상으로 하는 많은 중재는 이론적 배경으로 애착이론을 인용하고 있고, 그 중재로 인하여 애착이 개선되었음을 밝히고 있다(Bakermans-Kranenburg et al., 2003, 2005; Bernard et al., 2012; Cassidy et al., 2011; Chaffin et al., 2011; Cohen et al., 1999; Dozier et al., 2002, 2007; Eyberg, 2005; Hoffman et al., 2006; Ijzendoorn, 1995; Moss et al., 2011; Sanders, 2010; van den Boom, 1988, 1989, 1994). 여기에서는 애착 안정성에 대한 연구 기반의 관찰 평가(SSP 혹은 취학전 아동용 수정 SSP)를 사용한 연구를 중점적으로 살펴볼 것이다.

보기 · 기다리기 · 궁금해하기(Watch, Wait, and Wonder: WWW), **영아-부모/아동-부모 심리치료**(Infant-Parent/Child-Parent Psychotherapy: CPP), **안전 서클**(Circle of Security: COS) 등이 다음에 소개될 것이며 이러한 중재의 연구 결과가 〈표 2-5〉에 요약되어 있다. WWW는 정신건강이 염려되어 의뢰된 영유아의 불안정 애착을 개선하기 위해 수행되는 유일한 애착 기반의 중재이다(Cohen et al., 1999). WWW는 애착이론과 대상관계이론(특히 Winnicott과 Bion의 환경을 수용하고 주관을 반영하는 정체성의 개념)에 근거한 아동주도의 양자 상호작용 접근법이다. 회기(20~30분)의 전반부에서는 엄마가 자녀인 영유아와 함께 바닥에 앉아 자녀의 주도를 따른다. 아이가 엄마와의 상호작용을 주도하면 엄마는 자신의 의도는 드러내지 않고 아이의 의도를 마음에 새기면서 듣고 반응해야 한다. 엄마는 아이가 무엇을 할 것인지 확실히 알지 못하더라도 들어야 하고 '보기 · 기다리기 · 궁금해하기'를 기억해야 한다. 회기(20~30분)의 후반부에서는 중재자가 엄마에게 아동을 관찰한 것과 아동주도 놀이를 한 경험 그리고 아동주도 놀이의 어려움에 대해 질문한다.

〈표 2-5〉 애착 기반 중재 연구

집단	모델	안정 애착 비율	중단율	문헌
정신건강 서비스로 의뢰된 영유아(캐나다) N=66	보기ㆍ기다리기ㆍ궁금해하기(WWW): 영아-부모/아동-부모 심리치료(CPP)	사전 WWW: 18% 사후 WWW: 26% 사전 CPP: 28% 사후 CPP: 12%	9%	Cohen et al., 1999
학대 가정의 영아(미국) N=137	영아-부모/아동-부모 심리치료(CPP) 보모-가족 파트너십 (NFP) 지역사회 서비스(CS)	사전 CPP: 3% 사후 CPP: 61% 사전 NFP: 0% 사후 NFP: 54% 사전 CS: 0% 사후 CS: 2%	CPP: 12% NFP: 8% CS: 33%	Cicchetti et al., 2006
산후우울증 엄마의 영유아(미국) N=130	영아-부모/아동-부모 심리치료(CPP) 일상적 중재(TAU)	사전 CPP: 17% 사후 CPP: 67% 사전 TAU: 22% 사후 TAU: 17%	CPP: 30% TAU: 13%	Toth et al., 2006
위험 헤드스타트와 조기 헤드스타트 취학전 유아(미국) N=65	안전서클(COS): 사전: 20% 사후: 54%	사전 COS: 20% 사후 COS: 54%	0	Hoffman et al., 2006
첫째인, 성마른, 경제적으로 압박받는 영아(미국) N=220	안전서클-가정방문-4 중재(COS-HV4) 통제(Con)	COS-HV4: 60% Con: 50%	COS-HV4: 5% Con: 4%	Cassidy et al., 2011

　영아-부모 심리치료/아동-부모 심리치료(CPP)는 Selma Fraiberg 가 개발한 중재이다(CPP는 영아-부모 심리치료가 영유아와 취학전 아동에게 확장되면서 통합적 타이틀이 되었음; Fraiberg, 1980; Fraiberg et al., 1975; Lieberman & Van Horn, 2008). 사회사업가와 심리분석가로 훈련받았던 Fraiberg는 영아-부모 상호작용을 개선하는 데에 초점을 맞추어 가정 방문 모델로 CPP를 개발했다. 이 중재법에서 전제로 하는 것은 부모가 영아를 대하는 태도나 행동에서 표현되는 부모의 심리적 갈등이 결국 아동-부모 관계에서 장애가 되고 이것이 아동-부모 양자에게 직접적으로

작용한다는 것이다. 가장 중요한 것은 아동의 긍정적인 발달을 위해 자발적인 아동-부모 상호작용을 사용하고, 건강한 발달의 장애물이 될지도 모를 부모의 갈등을 잘 다루는 것이다. 중재자가 사용하는 전략은 '아이를 위해 말하기'이다. 이 전략은 부모가 아동 행동의 의미를 인지하도록 도와주고, 발달적 안내와 위기 중재를 도와주며, 부모에게 정신적 충격을 준 사건이 그들의 상호작용에 어떻게 영향을 미치는지를 인지하도록 도와준다. CPP의 핵심적 이론은 부모가 고통스러운 사건과 연관된 정서를 기억할 수 있으면, 자녀와의 상호작용에서 과거의 정신적 충격을 드러내기보다는 자녀를 보호할 수 있게 된다는 것이다. 〈표 2-5〉에 제시된 연구 결과에서 CPP는 5~12개월 동안(회기 수는 15~45회기) 지속되었다. 〈표 2-5〉에서 보는 바와 같이, CPP는 학대 부모(Cicchetti et al., 2006)와 산후우울증을 가진 부모(Toth et al., 2006)에게서 애착 안정성이 유의미하게 증가하는 양상을 보였다. 그러나 임상적으로 의뢰된 집단을 대상으로 애착 안정성의 변화를 알아본 연구에서는 CPP를 받은 가족이 중재 후에 안정 애착의 감소를 나타냈다(Cohen et al., 1999).

안전서클(COS; Cassidy et al., 2007, 2011; Cooper et al., 2005; Hoffman et al., 2006)은 아동의 애착 신호에 대해 부모가 민감한 반응을 보이도록 안정 애착에 관한 교육에 중점을 둔다. 20주 COS 집단 중재에서는 위험 부모가 취학전 아동을 위한 수정된 SSP를 하면서 자녀와 함께 책을 읽고 장난감을 치우는 것이 모두 비디오 촬영이 된다(Cooper et al., 2005; Hoffman et al., 2006; Powell et al., 2014). 부모가 자신의 양육 행동을 반성하도록 돕고 자신의 능력이 충분히 발휘되지 못했다는 것을 알게 해 주는 비디오를 통해 아동-부모 관계에서 가장 문제가 되는 측면을 선정할 수 있고 이것은 개별화 중재 계획으로 이어진다. 〈표 2-5〉에서 보는 바와 같이 COS는 안정 애착의 유의미한 증가와 관련이 있다. 안전서클-가정방문-4중재(Circle of Security-Home Visiting-4 Intervention: COS-HV4)는 엄마가 애착과 탐색 행동에 주의를 기울이도록 돕기 위한 것으로, 4회의 가정 방문으로 구성되었으며 까다로운 아이의 엄마를 위해 개발된 것이다. 이 중재는 엄마가 자녀에 대한 관찰을 잘할 수 있도록 돕고, 민감한 반응을 하도록 도우며, 자신의 인지적·반영적 반응이 어떻게 아이의 행동에 영향을 미치는지를 알도록 돕는다. 〈표 2-5〉에서 보는 바와 같이 COS-HV4에 참여하는 엄마는 자녀와 안정 애착 관계를 가질 가능성이 다소 있었던 엄마들이었다(차이는 통계적으로 유의미하지 않았음; Cassidy et al., 2011). 그러나 까다로움을 보였던 아이는 중재를 통해 애착의 안정성이 증가하였다.

❑ 애착이론 기반의 부모 코칭에 관한 연구

다음에서 부모 코칭을 사용하는 애착 기반의 중재 결과에 대해 살펴볼 것이며, 〈표 2-6〉은 그것을 요약한 것이다. 이 접근법은 부모가 자녀와 상호작용할 때 함께 참여하여 코칭하는 것과 자녀와의 상호작용을 녹화한 비디오를 이용해 부모에게 피드백을 주는 것, 혹은 이러한 코칭법을 함께 적용하는 것이다. 안정 애착을 촉진하는 행동을 강조하면서, 애착 안정성을 해치는 부모의 행동을 변화시키기 위해 부드럽게 부모를 촉구하는 것을 강조한다.

Dymph van den Boom이 개발한 까다로운 아이를 위한 기술 기반의 코칭 중재는 부모 코칭을 안내하기 위해 엄마-영아 상호작용에 대한 상세한 코딩을 사용하는 간단한(3회기) 가정 방문 중재이다(van den Boom, 1988, 1989, 1994). 영아의 애착 신호와 그에 대한 엄마 반응의 코딩은 중재자가 가정 방문을 하여 코칭을 할 때 사용된다. 예를 들어, 엄마가 훼방을 놓거나 자극을 지나치게 많이 제공하면 가정 방문자가 엄마를 뒤로 앉게 하고 영아가 하려는 것을 설명한다. 가정 방문 중에 영아가 울면 중

〈표 2-6〉 애착 기반 부모 코칭

집단	모델	안정 애착 비율	중도율	문헌
첫째 아이, 까다로운, 낮은 사회경제적 수준인 영아(네덜란드) N=100(12개월); 82(18개월)	기술 기반 중재(SBI) 통제(Con)	12개월 사후 SBI: 62% 사후 Con: 22% 18개월 사후 SBI: 72% 사후 Con: 26%	0%	van den Boom, 1994
입양 영아(네덜란드) N=98	긍정적 양육 촉진을 위한 비디오 피드백 중재(VIPP) 통제(Con)	사후 VIPP: 72% 사후 Con: 75%	0%	Juffer et al., 2005
학대 영아와 취학전 아동(캐나다) N=66	관계중재 프로그램(RIP) 지역사회 서비스(CS)	사전 RIP: 25% 사후 RIP: 66% 사전 CS: 22% 사후 CS: 28%	RIP: 7% CS: 15%	Moss et al., 2011
학대 위험의 영아와 유아(미국) N=120 아동/113 부모	애착과 생물행동적 캐치업(ABC) 가족을 위한 발달 교육(DEF)	사후 ABC: 52% 사후 DEF: 33%	0%	Bernard et al., 2012

재자는 엄마에게 아이를 안으라고 하고 엄마가 아이를 효과적으로 달래는 것과 아이 울음에 반응하는 것의 중요성을 중점적으로 알려 준다. 〈표 2-6〉에서 보는 바와 같이, 이러한 기술 기반의 간단한 중재는 애착의 안정성을 증가시키는 데에 매우 효과적이었다.

관계중재 프로그램(Relationship Intervention Program)은 간단한(8회기) 가정 방문 중재로서 유아(1~6세)의 학대(신체적 학대, 방임, 성적 학대)가 확인된 가정에서 부모의 민감한 반응을 개선하기 위해 아동-부모 놀이에 대한 비디오 피드백을 사용한다(Moss et al., 2011). 비디오 피드백은 긍정적인 부모-아동 순서에 초점을 맞추고 아동의 애착 신호에 대한 부모의 민감한 반응을 강화하기 위해 사용된다. 〈표 2-6〉에서 보는 바와 같이, 지역사회 서비스를 받은 집단에서는 상대적으로 적은 변화를 보였으나 관계중재 프로그램에 참여한 대부분의 아동과 부모는 중재 후에 안정적으로 애착을 형성하게 된다.

긍정적 양육 촉진을 위한 비디오 피드백 중재(Video-feedback Intervention to Promote Positive Parenting: VIPP)는 아동이 부모와 상호작용하는 것을 비디오테이프에 녹화하고 부모의 민감한 반응을 강화하기 위해 그것을 부모와 함께 시청한다(Bakermans-Kranenburg et al., 1998, 2008a, 2008b; Juffer et al., 2005). 비디오 시청을 함께 하면서 중재자는 엄마가 아이의 애착 신호에 민감하게 반응해야 하는 순간을 알려 준다. 엄마가 영아의 애착 단서를 놓친 상호작용을 볼 때는 양육자의 민감한 반응을 돕기 위해 중재자가 "아이에게 말하세요."라고 촉구한다. 〈표 2-6〉에서 보는 바와 같이, 입양된 영아의 양육자를 위해 개발된 간단한(3회기) VIPP는 안정 애착 비율이 이미 꽤 높은 집단(통제집단에서 75%)에서 안정 애착을 형성하는 데 실패하였다(Juffer et al., 2005). 그러나 VIPP는 혼란 애착을 감소시켰다(제 8장 참조).

애착과 생물행동적 캐치업(Attachment & Biobehavioral Catch-up: ABC)은 민감하고 양육적인 돌봄을 증가시키고 두려워하는 행동을 감소시키는 데에 초점을 맞추는 비교적 간단한(10회기) 중재이다(Bernard et al., 2012; Dozier et al., 2002, 2008). ABC는 민감한 반응의 증가와 두려운 행동의 감소를 위해 비디오 피드백과 순간적 코칭을 모두 사용한다.

❑ 애착에 대한 성인의 내적 작동 모델

애착 연구에 있어 중요한 발전은 애착에 대한 성인의 **내적 작동 모델**을 연구한 방법론적 발전이었다. Bowlby는 초기 애착 관계의 질이 우리의 지각과 관계 설명에 영향을 미친다고 주장하였다(Bowlby, 1969). **성인 애착 인터뷰**(Adult Attachment Interview: AAI)는 Mary Main과 Ruth Goldwyn이 청소년과 성인의 이러한 '표상 수준으로의 이동'을 평가하기 위해 개발한 것이다(Main & Goldwyn, 1998). AAI는 1시간 정도가 소요되는 인터뷰로서 피검자에게 부모와의 관계와 아동기 경험에 대해 질문한다. 이 인터뷰는 상세하게 기록되고 애착의 작동 모델을 평가하는 코드 혹은 그들이 말하는 '마음상태'로 전환된다. 코딩자는 먼저 아동기 동안의 양육자와의 경험에 대한 인식 상태를 알아보는 추론적 경험 척도를 완성한다. Main과 Goldwyn(1998)이 중요하게 간파한 것은 마음의 애착 상태를 결정하는 것은 개인이 자신의 아동기에 대해 어떤 내용의 이야기를 하느냐보다는 자신의 아동기를 어떻게 이야기하느냐(즉, 진행)에 근거한다는 것이다. 즉, 좌절, 가혹한 양육, 심지어 학대를 언급하는 부모가 이러한 이야기를 생기 있고, 거짓 없이, 용서하는 태도로 말할 때는 그들이 자녀와 안정적인 애착 관계를 가지고 있는 것이다. SSP와 함께 실시했을 때 잘 훈련받은 채점자인 경우 평정자간 신뢰도가 높다(92~95% 일치; kappa=0.84~0.89; Booth-LaForce & Roisman, 2014; Caspers et al., 2007). AAI의 코딩 훈련에 관한 정보는 애착 훈련 웹 사이트 http://attachment-training.com/at/에서 볼 수 있다.

　AAI의 예언 타당도에 대한 메타분석은 부모 마음의 안정/자율적 상태와 영아-부모 애착 안정성 간에 유의미한 상관이 있음을 밝혔다(효과 크기=1.06; 일치율=75%; Van Ijzendoorn, 1995). van Ijzendoorn(1995)이 마음 상태와 안정 애착 간의 '전환 격차'로 설명한 일치 정도는 부모의 AAI와 영아 애착 간의 일치가 민감한 반응에 대한 행동 관찰과 애착 간 일치보다 높았다. 이러한 결과는 부모가 자신의 아동기에 대해 어떻게 말하는가를 관찰하면서 관찰하지 못하는 다른 요인에도 주의를 기울일 것을 지적하는 것이며, 또한 중재자가 부모에게 보이는 정서적 반응은 부모-아동 상호작용의 관찰에서 얻은 정보를 보충할 수 있음을 의미하는 것이다. 마음의 안정과 불안정 특성이 〈표 2-7〉에 요약되어 있다. 성인 마음의 애착 상태에 상응하는 영아/아동 애착 패턴과 지역사회 표본에서의 비율은 〈표 2-8〉에 요약되어 있다.

〈표 2-7〉 성인 애착 마음상태 요약[성인 애착 인터뷰(AAI)에 근거함]

안정/자율(F)	애착관계와 경험을 존중함. 특정 기억으로 부모와의 관계에 대해 일반적으로 묘사(의미론적 수준)함. 성인은 분노의 선입견이나 이상화(안정을 얻은) 없이, 부모를 아동기 동안의 사랑(지속적인 안정)으로 묘사하거나 사랑하는 행동이 부족한 부모로 나타냄.
애착 형태와 경험에 몰두(E)	초기 애착 경험에 몰두함. 부모에 대해 긍정적 평가와 부정적 평가 사이에서 망설임. 혼란스럽고 일관성이 부족한 느낌, 경험, 관계에 대해 광범위하게 검토함.
무시 애착(Ds)	부정적인 초기 경험 그리고/또는 어려운 초기 경험에 대한 부정적 영향을 인지하지 못함으로써 초기 애착관계의 중요성을 잊어버림. 특정 기억으로 부모와의 관계에 대한 일반화된 묘사(의미론적 수준)를 하지 않으며, 애착 형태는 평가절하되거나, 초기 경험이나 부정적 경험이 영향을 미치지 않았다는 성인의 보고로 스스로 더 견고해짐.
애착이 상실이나 학대 경험을 미해결 (혼란/비지향)(Ud)	이성적 추적의 쇠퇴 혹은 상실(마치 고인이 아직 살아 있거나 장기 침묵하는 것처럼 말함)이나 학대(예, 학대를 이야기할 때 비일관적이거나 학대를 부정하는 보고를 함)를 이야기할 때 길게 말함.

출처: Main & Goldwyn (1998); Steele & Steele (2008).

〈표 2-8〉 지역사회 표본의 애착 패턴과 마음상태 비율

영아-부모 낯선 상황 절차 (SSP)	취학전 아동-부모 수정된 낯선 상황 절차 (SSP)	성인 마음상태 성인 애착 인터뷰 (AAI)
안정(B) 55~62%	안정(B) 57~78%	안정/자율(F) 48~59%
양가성/저항(C) 4~12%	양가성/저항(C) 4~10%	몰두(E) 3~10%
회피(A) 7~15%	회피(A) 7~15%	무시(Ds) 15~35%
[a]혼란(D) 15%	혼란(D)/ 통제-혼란(D) 11~15%	[a]미해결/혼란(Ud) 3~18%

[a] 제2의 적합 패턴으로 대치됨(예, D/A 혹은 Ud/E).

출처: Ainsworth et al. (1978); Bakermans-Kranenburg & van Ijzendoorn (2009); Booth-LaForce
    & Roisman (2014); Caspers et al. (2007); Greenberg et al. (1991); Main & Goldwyn (1998);
    Moss et al. (2004); Speltz et al. (1990, 1999); Troutman et al. (2010); van Ijzendoorn et al.
    (1999).

❑ 성인 애착 마음상태에 대한 연구

AAI에 대한 연구는 영아-부모 애착의 안정성을 예언하는 것 외에도 애착 마음상태가 양육 행동과 연관되어 있으며 또한 영아의 애착 신호에 대한 성인의 생리학적 반응과 연관되어 있음을 지적하고 있다(Riem et al., 2012). 애착 마음상태는 또한 생리학적 처치를 찾으려는 의지, 개인이 기꺼이 참여하는 생리학적 서비스의 형태, 그리고 개인에 대한 제공자의 태도와 연관되어 있다(Korfmacher et al., 1997; Riem et al., 2012). 이러한 연구에 대한 더 많은 정보와 부모 코칭의 임상적 의미는 제5, 6, 7, 8장에 기술되어 있다.

□ 성인 애착 중재 연구

장기 중재(Prolonged Exposure: PE)나 감정 및 대인관계 조절기술 훈련(Skills Training in Affective & Emotional Regulation: STAIR)을 받은 아동학대 관련 외상후 스트레스 장애 환자에 관한 연구에서는 안정/자율 상태의 유의미한 증가가 나타났다(Stovall-McClough & Cloitre, 2003). 경계선급 성격장애 환자에 관한 연구에서는 변증법적 행동치료(Dialectical Behavior Therapy: DBT)와 지원 심리치료(Supportive Psychotherapy: SPT)가 마음상태의 변화와는 연관성이 없었던 반면, 관계 이동 과정에 대한 해석을 통해 자신과 다른 사람에 대한 묘사를 수정하는 것에 초점을 맞추는 심리역동적 중재인 전이중심 심리치료(Transference-Focused Psychotherapy: TFP)는 마음의 안정/자율 마음상태를 유의미하게 증가시켰다(Levy et al., 2006). 엄마

〈표 2-9〉 중재 연구에서 안정/자율 마음상태의 비율

집단	모델	안정/자율 마음상태의 비율	문헌
처음이며 낮은 수입인 엄마(미국) N=154	효율적으로 즐기는 양육 단계(STEEP) 통제(Con)	사후 STEEP: 47% 사후 Con: 57%	Erickson et al., 1992
경계선급 성격장애에 대해 심리치료 중인 환자(미국) N=90	전이중심 심리치료(TFP) 변증법적 행동치료(DBT) 지원심리치료(SPT)	사전 TFP: 5% 사후 TFP: 32% 사전 DBT: 6% 사후 DBT: 6% 사전 SPT: 5% 사후 SPT: 5%	Levy et al., 2006
아동학대 관련 외상후 스트레스 장애에 대해 심리치료 중인 환자(미국) N=18	장기 중재(PE) 혹은 감정 및 대인관계 조절기술 훈련(STAIR)	사전 PE 혹은 STAIR: 11% 사후 PE 혹은 STAIR: 50%	Stovall-McClough & Cloitre, 2003

의 민감성과 안정 애착 개선에 초점을 맞춘 장기 가정 방문을 통한 집단 양육 중재 프로그램인 **효율적으로 즐기는 양육단계**(Steps Toward Effective, Enjoyable Parenting: STEEP)는 중재집단과 통제집단에서 안정/자율 마음상태의 비율이 유사하게 나타났다(Korfmacher et al., 1997). 이 연구 결과는 〈표 2-9〉에 요약되어 있다.

❏ 결론

애착이론을 기반으로 하는 중재에 대한 연구에서는 특히 민감한 반응의 역할을 강조하는 중재가 영아-부모 및 아동-부모 애착의 질이 개선되는 것과 연관성이 있다고 보고하고 있다. 이러한 결과는 학대하는 부모와 같은 고도의 스트레스 집단에서조차 안정 애착을 증진시키고 불안정 애착을 예방하며, 불안정 애착을 개선하는 것이 가능하다는 명백한 증거를 제공한다.

성인 애착 마음상태에 관한 연구는 심리치료를 통해 성인이 보다 안정적인 마음상태를 발달시키는 것이 가능하다는 것을 밝히고 있어, 아동이 태어나기 전이라도 예방을 시작할 수 있는 희망적인 메시지를 제공하고 있다. 현재 시점에서 불안정 애착과 관련된 문제점은 임상적으로 유의미한 수준의 파괴적 행동을 나타내는 유아를 위한 증거 기반의 애착 중재가 부족하다는 점이다.

참고문헌

Ainsworth, M. (1967). *Infancy in Uganda*. Baltimore: Johns Hopkins.

Ainsworth, M., Blehar, M., Waters, E., & Wall, S. (1978). *Patterns of attachment: A psychological study of the strange situation*. Hillsdale: Erlbaum.

Ainsworth, M. (1988). On security. http://www.psychology.sunysb.edu/attachment/pdf/mda_security.pdf. Accessed 6 July 2014.

Bakermans-Kranenburg, M., & van Ijzendoorn, M. (2009). The first 10,000 adult attachment interviews: Distributions of adult attachment representations in clinical and non-clinical groups. *Attachment & Human Development, 11*(3), 223-263.

Bakermans-Kranenburg, M. J., Juffer, F., & van Ijzendoorn, M. H. (1998). Interventions with video feedback and attachment discussions: Does type of maternal insecurity make a difference? *Infant Mental Health Journal, 19*(2), 202-219.

Bakermans-Kranenburg, M. J., van Ijzendoorn, M. H., & Juffer, F. (2003). Less is more: Metaanalyses of sensitivity and attachment interventions in early childhood. *Psychological Bulletin, 129*(2), 195-215.

Bakermans-Kranenburg, M. J., Van Ijzendoorn, M. H., & Juffer, F. (2005). Disorganized infant attachment and preventive interventions: A review and meta-analysis. *Infant Mental Health Journal, 26*(3), 191-216.

Bakermans-Kranenburg, M., Breddels-van Baardewijk, P., Juffer, F., Klein Velderman, M., & Van IJzendoorn, M. (2008a). Insecure mothers with temperamentally reactive infants: A chance for intervention. In F. Juffer, M. Bakermans-Kranenburg, & M. van Ijzendoorn (Eds.), *Promoting positive parenting. An attachment-based intervention* (pp. 75-90). New York: Lawrence Erlbaum Associates.

Bakermans-Kranenburg, M., van IJzendoorn, M., Pijlman, F., Mesman, J., & Juffer, F. (2008b). Experimental evidence for differential susceptibility: Dopamine D4 receptor polymorphism (DRD4 VNTR) moderates intervention effects on toddlers' externalizing behavior in a randomized controlled trial. *Developmental Psychology, 44*(1), 293-300.

Beebe, B., Jaffe, J., Markese, S., Buck, K., Chen, H., Cohen, P., Bahrick, L., Andrews, H., & Feldstein, S. (2010). The origins of 12-month attachment: A microanalysis of 4-month motherinfant interaction. *Attachment & Human Development, 12*(1), 3-141.

Bernard, K., Dozier, M., Bick, J., Lewis-Morrarty, E., Lindhiem, O., & Carlson, E. (2012). Enhancing attachment organization among maltreated children: Results of a randomized clinical trial. *Child Development, 83*(2), 623-636.

Bernier, A., Matte-Gagne, C., Belanger, M., & Whipple, N. (2014). Taking stock of two decades of attachment transmission gap: Broadening the assessment of maternal behavior. *Child Development, 85*(5), 1852-1865.

Booth-LaForce, C., & Roisman, G. (2014). The adult attachment interview: Psychometrics, stability and change from infancy, and develpmental origins. *Monographs of the Society for Research in Child Development, 79*(3), 1-185.

Bowlby, J. (1969). *Attachment and loss. Vol 1: Attachment.* New York: Basic Books.

Britner, P., Marvin, R., & Pianta, R. (2005). Development and preliminary validation of the caregiving behavior system: Association with child attachment classification in the preschool strange situation. *Attachment & Human Development, 7,* 83-102.

Caspers, K., Yucuis, R., Troutman, B., Arndt, S., & Langbehn, D. (2007). A sibling adoption study of adult attachment: The influence of shared environment on attachment state of mind. *Attachment & Human Development, 9*(4), 375-391.

Cassidy, J., & Marvin, R. (1992). *Attachment organization in three and four year olds: Procedures and coding manual.* University of Virginia.

Cassidy, J., Marvin, R., & the MacArthur Working Group on Attachment. (1992). *Attachment organization in preschool children: Procedures and coding guidelines* (4th ed.). University of Virginia. Charlottesville.

Cassidy, J., Ziv, Y., Cooper, G., Hoffman, K., Powell, B., & Karfgin, A. (2007). *Enhancing attachment security in the infants of women in a jail-*

diversion program. Paper presented at the Biennial meeting of the Social for Research in Child Development, Boston.

Cassidy, J., Woodhouse, S., Sherman, L., Stupica, B., & Lejuez, C. W. (2011). Enhancing infant attachment security: An examination of treatment efficacy and differential susceptibility. *Development and Psychopathology, 23,* 131–148.

Chaffin, M., Funderburk, B., Bard, D., Valle, L., & Gurwitch, R. (2011). A combined motivation and parent–child interaction therapy package reduces child welfare recidivism in a randomized dismantling field trial. *Journal of Consulting and Clinical Psychology, 79*(1), 84–95.

Cicchetti, D., Rogosch, F., & Toth, S. (2006). Fostering secure attachment in infants in maltreating families through preventive interventions. *Development and Psychopathology, 18,* 623–649.

Cohen, N., Muir, E., Lojkasek, M., Muir, R., Parker, C., Barwick, M., & Brown, M. (1999). Watch, wait and wonder: Testing the effectiveness of a new approahc to mother–infant psychotherapy. *Infant Mental Health Journal, 20,* 429–451.

Cooper, G., Hoffman, K., Powell, B., & Marvin, R. (2005). The Circle of Security Intervention: Differential diagnosis and differential treatment. In L. Berlin, Y. Ziv, L. Amaya–Jackson, & M. Greenberg (Eds.) , *Enhancing early attachments: Theory, research, intervention, and policy* (pp. 127–151). New York: Guilford.

De Wolff, M., & Van Ijzendoorn, M. (1997). Sensitivity and attachment: A meta–analysis on parental antecedents of infant attachment. *Child Development, 68*(4), 571–591.

Del Carmen, R., Pedersen, F., Huffman, L., & Bryan, Y. (1993). Dyadic distress management predicts subsequent security of attachment. *Infant Behavior and Development, 16,* 131–147.

Dozier, M., Higley, E., Albus, K., & Nutter, A. (2002). Intervening with foster infants' caregivers: Targeting three critical needs. *Infant Mental Health Journal, 23*(5), 541–554.

Dozier, M., Peloso, E., Zirkel, S., & Lindheim, O. (2007). *Intervention effects on foster infants'attachment to new caregivers.* Paper presented at the

Society for Research in Child Development, Boston.

Dozier, M., Peloso, E., Lewis, E., Laurenceau, J., & Levine, S. (2008). Effects of an attachmentbased intervention on the cortisol production of infants and toddlers in foster care. *Development and Psychopathology, 20,* 845-859.

Erickson, M., Korfmacher, J., & Egeland, B. (1992). Attachments past and present: Implications for therapeutic intervention with mother-infant dyads. *Development and Psychopathology, 4,* 495-507.

Eyberg, S. (2005). Parent-child interaction therapy: Basic coaching guidelines. Retrieved August 13, 2013, from University of Florida PCIT website: pcit.phhp.ufl.edu/.../web%20Coaching%20in%20PCIT%20May%202006.ppt.

Fearon, R., Bakermans-Kranenburg, M., van Ijzendoorn, M., Lapsley, A., & Roisman, G. (2010). The significance of insecure attachment and disorganization in the development of children's externalizing behavior: A meta-analytic study. *Child Development, 81*(2), 435-456.

Fraiberg, S. (1980). *Clinical studies in infant mental health: The first year of life.* New York: Basic Books.

Fraiberg, S., Adelson, E., & Shapiro, V. (1975). Ghosts in the nursery: A psychoanalytic approach to impaired infant-mother relationships. *Journal of the American Academy of Child Psychiatry, 14,* 387-421.

Greenberg, M., Speltz, M., DeKlyen, M., & Endriga, M. (1991). Attachment security in preschoolers with and without externalizing behavior problems: A replication. *Development and Psychopathology, 3,* 413-430.

Hesse, E., & Main, M. (2000). Disorganized infant, child, and adult attachment: Collapse in behavioral and attentional strategies. *Journal of the American Psychoanalytic Association, 48*(4), 1097-1127.

Hoffman, K., Marvin, R., Cooper, G., & Powell, B. (2006). Changing toddlers' and preschoolers' attachment classifications: The circle of security intervention. *Journal of Consulting and Clinical Psychology, 74,* 1017-1026.

Ijzendoorn, M. v. (1995). Breaking the intergenerational cycle of insecure attachment: A review of the effects of attachment-based interventions on maternal sensitivity and infant security. *Journal of Child Psychology and Psychiatry, 36,* 225-248.

Juffer, F., Bakermans-Kranenburg, M. J., & van Ijzendoorn, M. H. (2005). The importance of parenting in the development of disorganized attachment: Evidence from a preventive intervention study in adoptive families. *Journal of Child Psychology and Psychiatry, 46*(3), 263-274.

Korfmacher, J., Adam, E., Ogawa, J., & Egeland, B. (1997). Adult attachment: Implications for the therapeutic process in a home visitation intervention *Applied Developmental Science, 1*(1), 43-52.

Levy, K., Meehan, K., Kelly, K., Reynoso, J., Weber, M., Clarkin, J., & Kernberg, O. (2006). Change in attachment patterns and reflective function in a randomized control trial of transference-focused psychotherapy for borderline personality disorder. *Journal of Consulting and Clinical Psychology, 74*(6), 1027-1040.

Lieberman, A. F., & Van Horn, P. (2008). *Psychotherapy with infants and young children: Repairing the effects of stress and trauma on early attachment.* New York: Guilford.

Lyons-Ruth, K., & Spielman, E. (2004). Disorganized infant attachment strategies and helplessfearful profiles of parenting: Integrating attachment research with clinical intervention. *Infant Mental Health Journal, 25*(4), 318-335.

Main, M., & Cassidy, J. (1985). Assessments of child-parent attachment at six years of age. Unpublished manuscript.

Main, M., & Goldwyn, R. (1998). *Adult attachment scoring and classification system.* Berkeley: University of California.

Main, M., & Solomon, J. (1990). Procedures for identifying infants as disorganized/disoriented during the Ainsworth Strange situation. In M. Greenberg, D. Cicchetti, & E. Cummings (Eds.), *Attachment in the preschool years: Theory, research, and intervention.* Chicago: The University of Chicago Press.

Moss, E., Cyr, C., & Dubois-Comtois, K. (2004). Attachment at early school age and developmental risk: Examining family contexts and behavior problems of controlling-caregiving, controlling-punitive, and behaviorally disorganized children. *Developmental Psychology, 40*(4), 519-532.

Moss, E., Dubois-Comtois, K., Cyr, C., St-Laurent, D., & Bernier, A. (2011).

Efficacy of a homevisiting intervention aimed at improving maternal sensitivity, child attachment, and behavioral outcomes for maltreated children: A randomized control trial. *Development and Psychopathology, 23*, 195-210.

NICHD Early Child Care Research Network. (1997). The effects of infant child care on infantmother attachment security. *Child Development, 68*, 860-879.

Powell, B., Cooper, G., Hoffman, K., & Marvin, R. (2014). *The circle of security intervention: Enhancing attachment in early parent-child relationships*. New York: Guilford.

Riem, M., Bakermans-Kranenburg, M., van Ijzendoorn, M., Out, D., & Rombouts, S. (2012). Attachment in the brain: adult attachment representations predict amygdala and behavioral responses to infant crying. *Attachment & Human Development, 14*(6), 533-551.

Robertson, J. (Writer). (1953a). Film: A two-year-old goes to hospital: Concord Video and Film Council.

Robertson, J. (1953b). Some responses of young children to loss of maternal care. *Nursing Times, April*, 382-386.

Robertson, J. (Writer). (1971). Film: Thomas, aged two years four months, in foster care for ten days: Concord Video and Film Council.

Robertson, J., & Robertson, J. (1989). *Separation and the very young*. London: Free Association Books.

Sanders, M. (Producer). (2010). Professor Sanders discusses how Triple P helps promote secure attachment in children. http://www.psy.uq.edu.au/activity/media.html?mid=12. Accessed 7 July 2014.

Speltz, M., Greenberg, M., & DeKlyen, M. (1990). Attachment in preschoolers with disruptive behavior: A comparison of clinic-referred and nonproblem children. *Development and Psychopathology, 2*, 31-46.

Speltz, M., DeKlyen, M., Greenberg, M., & Dryden, M. (1995). Clinic referral for oppositional defiant disorder: Relative significance of attachment and behavioral variables. *Journal of Abnormal Child Psychology, 23*(4), 487-507.

Speltz, M., DeKlyen, M., & Greenberg, M. (1999). Attachment in boys with early

참고문헌 71

onset conduct problems. *Development and Psychopathology, 11,* 269–285.

Steele, H., & Steele, M. (2008). *Clinical applications of the adult attachment interview.* New York: Guilford.

Stovall-McClough, K., & Cloitre, M. (2003). Reorganization of unresolved childhood traumatic memories following exposure therapy. *Annals of the New York Academy of Sciences, 2008,* 297–299.

Toth, S., Rogosch, F., Manly, J., & Cicchetti, D. (2006). The efficacy of toddler-parent psychotherapy to reorganize attachment in the young offspring of mothers with major depressive disorder: A randomized preventive trial. *Journal of Consulting and Clinical Psychology, 74,* 1006–1016.

Troutman, B., Arndt, S., Caspers, K., & Yucuis, R. (2010). *Infant negative emotionality moderates the association between quantity of nonfamilial day care and infant-mother attachment.* Paper presented at the Scientific Proceedings of the American Academy of Child & Adolescent Psychiatry's 57th Annual Meeting, New York, NY.

van den Boom, D. (1988). *Neonatal irritability and the development of attachment: Observation and intervention.* Dissertation, University of Leiden.

van den Boom, D. (1989). Neonatal irritability and the development of attachment. In G. Kohnstamm, J. Bates, & M. Rothbart (Eds.), *Temperament in childhood.* New York: Wiley.

van den Boom, D. (1994). The influence of temperament and mothering on attachment and exploration: An experimental manipulation of sensitive responsiveness among lower-class mothers with irritable infants. *Child Development, 65,* 1457–1477.

Van Ijzendoorn, M. (1995). Adult attachment representations, parental responsiveness, and infant attachment: A meta-analysis on the predictive validity of the adult attachment interview. *Psychological Bulletin, 117*(3), 387–403.

van Ijzendoorn, M., & Hubbard, F. (2000). Are infant crying and maternal responsiveness during the first year related to infant-mother attachment at 15 months? *Attachment & Human Development, 2*(3), 371–391.

van Ijzendoorn, M., Schuengel, C., & Bakermans-Kranenberg, M. (1999). Disorganized attachment in early childhood: Meta-analysis of precursors, concomitants, and sequelae. *Development and Psychopathology, 11,* 225-249.

Zeanah, C., Berlin, L., & Boris, N. (2011). Practitioner review: Clinical applications of attachment theory and research for infants and young children. *The Journal of Child Psychology and Psychiatry, 52*(8), 819-833.

제3장

양육에 대한 애착이론 및 행동주의
관점의 비교

"파괴적 행동문제의 발달과 원천에 대해
애착이론과 행동주의가 어떻게 서로 보충할 수 있는지를
명확히 설명하기 위해 더 많은 연구가 필요하다."
(Speltz et al., 1995)

세 살 난 브로디의[1] 끔찍한 문제가 두 가지에서 세 가지로 많아졌다. 그는 가는 곳마다 대혼란을 일으키는 듯 보였다. 그가 가장 좋아하는 단어는 싫다는 것이었고, 강아지조차도 그가 가까이 오면 도망가 버렸으며, 밤새 거의 잠을 자지 않았고, 울화를 터뜨리기 일쑤였으며, 항상 화가 나 있었다. 아침에 옷을 입는 것과 같은 간단한 일을 하는 데에도 엄마인 매기와 전쟁을 벌였다. 브로디를 돌보기 위해 자신의 성공적인 커리어를 포기하고 가정주부가 된 매기는 브로디가 유치원에 갈 날만을 손꼽아 기다리고 있었다. 매기는 브로디와 마주할 것을 생각하면 아침에 일어나기가 두려웠으며 자신의 일터인 법정으로 돌아가기만을

---

1) 이 글은 애착이론 및 행동주의 관점에 기초하여 긍정적 양육에 관한 일반적인 조언을 설명하기 위해 작성된 가상의 글이다.

간절히 바랐다. 그녀는 자신이 이런 생각을 하는 것에 대해 죄의식을 느꼈고, 브로디에 대한 자신의 부정적인 생각이 그의 문제에 영향을 주는지 궁금했다. 남편인 켄드릭이 일과 후에 집에 돌아오니 매기는 탈진해 있었는데, 켄드릭은 밝고 아름다웠던 아내에게 무슨 일이 있었는지 궁금했다. 브로디가 잠든 어느 날 밤에 그들은 이해할 수 없었던 일들에 대해 솔직하게 이야기를 나누기 시작했다. 어려운 아동기를 보내고 성공적인 전문가가 되었지만 양육에 실패한 느낌이었다. 부부는 그들의 능력을 쏟아부어 브로디의 행동문제를 다룰 최선의 방법을 찾고 양육을 잘해 보자고 다짐했다. 그들은 양육 관련 전문가의 명단을 만들고 브로디의 행동문제를 다룰 방법에 대한 정보를 모으기로 했다.

다음 주가 되어, 늦은 밤에 정보를 검토하고 나서 부부는 브로디의 행동문제를 다룰 전문적 의견이 너무나 다양하다는 것에 놀랐다. 매기는 먼저 가정주부로서 한 살 난 아이의 엄마이자 '애착 양육' 훈련을 받고 있는 폴라의 의견을 들었다. 폴라는 브로디의 행동문제가 너무 일찍 젖을 뗀 결과라고 지적하면서 매기가 브로디에게 화가 난 것처럼 보인다고 했다. 그녀는 애착 관계를 개선하기 위해서는 브로디와 함께 잠을 자고 타임아웃을 사용하지 말 것을 권고했다. 매기와 켄드릭은 매기가 브로디에게 화가 났는지를 알아보기 위해 관찰이 필요할 것 같지는 않다고 생각했고, 브로디와 함께 잠을 자는 것이 그에 대한 분노를 감소시킬 것 같지는 않다고 생각했다.

다음에는 아동의 행동문제를 다루는 데에 강력한 경험적 지지를 받고 있다는 행동주의 중재를 주장하는 브라이언의 의견을 들었다. 그는 아동의 행동문제를 다루기 위해 자연스러운 후속 결과를 사용할 것을 강조하는 책을 추천했고, 브로디의 울화와 잘못된 행동에 대해서는 타임아웃을 할 것을 추천했다. 이 접근법은 유망해 보였고 이에 대한 연구가 많이 이루어진 점이 좋았으나, 매기는 가혹하고 벌을 사용하는 양육을 이미 해 보았으며, 브로디가 울화와 잘못된 행동으로 인해 하루 종일 타임아웃으로 시간을 보낼 것 같다는 염려가 되었다.

마지막으로, 그들은 유아기부터 청소년기까지 다양한 연령의 자녀 넷을 둔 엄마인 베아트리체의 의견을 들었다. 베아트리체는 브로디와의 일상에 대한 매기의 설명을 듣고 자신의 열여섯 살 난 아들도 브로디 나이 때에 비슷한 문제를 가졌다고 말했다. 부부는 이것이 최선의 방법이라 판단하고 브로디가 중재가 필요한지에 대해 확신하지 않았지만 곧바로 중재자의 평가 일정을 잡았다. 중재자는 부부가 아들과의 상호작용을 어떻게 하는지에 대한 관찰과 어떻게 양육해 왔는지에 대한 면담을 통하여 평가를 수행하였다. 평가 후에는 베아트리체와 그녀의 남편이 아들과 함께 놀이 회기에 들어갔고 중재자가 그들을 코칭해 주었다. 베아트리체는 부모 코칭을 통해 자녀의 행동에 반응하고 그것을 해석하는 방법을 배운다고 말했다. 베아트리체는 아이와 함께 노는 것을 배우기 위해 '기죽어 있는 아이'를 보는 것이 좀 불편하긴 하지만 부모 코칭이 가족에게 큰 변화를 안겨 주었다고 말했다.

매기와 켄드릭은 베아트리체의 이야기에 대해 대화하면서, 그들에게 특별한 양육 관련 충고를 하지 않은 사람이 가장 도움이 되었다는 데에 동의했다. 비록 그들은 아직 확인된 특정 방법을 가지고 있지 않지만 더 나은 부모가 되는 방법에 대한 생각을 가지고 있었다.

❏ 부모-아동 상호작용에 대한 애착이론 및 행동주의 관점의 비교

제1장과 제2장에서 기술된 양육에 관한 두 가지 이론적 모델에 대해 부

모는 흔히 선택을 강요받고, 중재자도 애착중심 중재와 행동주의 중심 중재 중 어느 하나를 선택해야 할 필요가 있다. 이러한 경향은 특히 양육 관련 책과 부모를 대상으로 하는 블로그에서 그러한데, 흔히 두 관점 간의 차이점이 과장되는 경향이 있다. 예컨대, "'타임아웃'은 아이를 망친다." 와 같은 말이 공공연히 나돈다(Siegel & Bryson, 2014).

❏ 부모-아동 상호작용에 대한 애착이론 및 행동주의 평가의 관련성

부모-아동 상호작용 평가에 대해 애착이론과 행동주의를 비교하는 몇 안 되는 연구에서는 이 두 가지 평가 유형 간에 일치점이 거의 없다는 것을 밝혀냈다. Speltz 등(1995)은 애착 안정의 연관성을 조사했는데, 취학 전 아동을 대상으로 수정된 낯선 상황 절차(Strange Situation Procedure: SSP; Cassidy & Marvin, 1992; Main & Cassidy, 1985)를 사용하여 평가하였고, **부모-아동 상호작용 코딩시스템**(Dyadic Parent-Child Interaction Coding System: DPICS; Eyberg & Robinson, 1981; Robinson & Eyberg, 1981)으로 아동주도 놀이, 부모주도 놀이, 정리 시간에서의 엄마와 아동 행동의 빈도를 평가하였다. 조사된 21건의 엄마 행동(아동지향 말, 비난적 문장, 칭찬, 명령, 일탈 행동에 대한 반응, 역할놀이 중 말하기, 긍정적/중립적 신체 접촉) 중에서는 오직 정리 시간의 비난적인 말 1건만이 통계적으로 .01 수준에서 유의미하였다(Speltz et al., 1995). 조사된 15건의 아동 행동(설명하는 말, 역할놀이 중 말하기, 긍정적/중립적 신체 접촉, 일탈 행동, 순종) 중에서는 오직 정리 시간의 일탈 행동 1건만이 통계적으로 .01 수준에서 유의미하였다(Speltz et al., 1995). 애착 안정성과 관련된 부모와 아동 행동이 관계에 스트레스를 주는 상황인 정리 시간에 발생한 점이 주목할 만하다. 두 편의 종단 연구에서는 33개월 혹은 52개월의 영아와 부모의 안정 애착은 힘 위주의 통제(예, 아동의 손을 꽉 잡기 혹은 장난감 뺏기)를 예견하지 못했다(Kochanska & Kim, 2012).

□ 부모-아동 상호작용에 대한 애착이론 및 행동주의 평가의 예언 타당도

대부분의 연구가 파괴적 행동에 대한 행동주의 양육 중재에 관한 것인데, 놀랍게도 애착이론 및 행동주의 평가의 예언 타당도를 비교한 유일한 연구가 밝혀낸 것은 불안정 아동-엄마 애착이 엄마의 명령 빈도, 엄마의 비난, 아동의 일탈 행동과 불순종 연합 변인보다 아동의 파괴적 행동을 더 잘 예언한다는 것이다(Speltz et al., 1995). 아동의 품행문제는 힘 독단적 통제와 애착 안정성 결합 변인으로 가장 잘 예언된다(Kochanska & Kim, 2012).

□ 긍정적 양육에 대한 행동주의와 애착이론 관점 간 차이점

과학적 문헌을 살펴보면, 행동에 대한 행동주의와 애착이론 관점 간에 차이점이 있는 이유 중 하나는 애착에 관한 동물행동학의 영향이다. Bowlby는 늑성 신체적 특성과 관련되어 행동 패턴이 도출되었다는 동물행동학의 관점에 크게 영향을 받았다. 예를 들어, 인간의 아기는 다른 종들의 아기에 비해 할 수 있는 것이 더 적고 양육자에게 더 의존적이다. 이것은 의존기를 늘리고, 환경의 위협에 직면했을 때 어떤 장소보다는 사람에게 도망치는 경향 모두에 영향을 미쳤다. 이러한 관점에서 보았을 때, 아동-부모 애착 관계에서 가장 중요한 목적 중 하나는 위험한 상황과 약탈자로부터 아동을 보호하는 것이다.

결과적으로, 긍정적 양육에 대한 행동주의와 애착 모델 간에 뚜렷하게 대비되는 영역 중 하나는 고통에 대한 반응이다. 제2장에서 살펴본 바와 같이, 애착이론에 기초한 연구는 고통에 대한 엄마의 반응이 안정 애착의 주요 예견 지표임을 지적하고 있다. 따라서 애착 관점에서, 자녀의 행동을 관리하도록 하기 위해 부모에게 무시하기와 긍정적 강화인으로부터의 타임아웃을 가르치는 것은 부모에게 자녀의 고통을 무시하라고 가르치는 것이므로 애착 안정성을 해치는 것이 될 수 있다.

애착이론 비평가는 행동주의와 애착이론 관점이 최선의 부모-아동 상호작용에서 각각 중요하게 강조하는 면에 차이가 있기 때문에 애착이론가가 자녀의 행동에 제한을 두는 부모를 믿지 못하는 것 같다고 생각한다. 그런데 이것은 그 경우와 다르다. Ainsworth(1967)는 유아가 자신의 힘을 제한하는 것과 부모를 조절할 수 없는 것에 대한 학습의 중요성을 지적했다. 그러나 그녀는 또한 아이의 신호와 요구에 대해 부모가 반응함으로써 아이가 이 세상을 조절할 수 있는 것에 대한 경험을 획득한 후에 이러한 학습이 가장 잘 이루어진다고 지적했다.

❏ 증거 기반의 애착 중재와 행동주의 중재 간 차이점

〈표 3-1〉에서 보는 바와 같이, 행동주의와 애착 기반의 모델들은 중재에서 중요하게 다루는 아동 행동이 다르고, 아동 행동에 대한 긍정적 양육 반응이 다르다. 애착 기반의 중재는 안달하거나 우는 것과 같은 아동의 고통스러운 신호에 민감하게 반응하는 것을 중요하게 여기는 반면, 행

동주의 기반의 중재는 소리 지르기, 말대꾸하기, 보채기 등과 같은 파괴적 행동을 무시하는 것에 일차적으로 초점을 맞춘다. 〈표 3-1〉에 제시된 중재 중 오직 한 가지(van den Boom, 1994)만이 중재의 초점인 아동 행동에 대한 상세한 행동주의 코딩을 사용했기 때문에 애착 기반의 중재에서 애착 신호로 보이는 아동 행동과 행동주의 중재에서 파괴적 행동이나 울화로 보이는 아동 행동 간에 일치하는 정도를 결정하는 것은 불가능하다.

〈표 3-1〉에 제시되어 있는 행동주의 중재와 애착 기반의 중재는 신체 접촉의 중요성에 초점을 맞추고 있지만, 부모가 긍정적 신체 접촉을 사용해야 하는 시점은 서로 다르다. 애착 기반의 중재는 아이가 고통받을 때 부모의 긍정적인 신체 접촉을 강조하는 반면, 행동주의 중재는 아이가 적절한 행동을 나타냈을 때 부모의 긍정적인 신체 접촉을 강조한다.

애착이론과 일치하지 않는 것으로 보이는 행동주의 중재의 또 다른 요소는 긍정적 강화인을 제거하는 타임아웃 사용이다(Powell et al., 2014; Siegel & Bryson, 2014). 무시하기와 함께, 이것은 긍정적 양육 행동을 개념화함에 있어 차이를 드러내는 부분이다. 출판된 연구물들은 아동을 훈육하기 위해 타임아웃을 사용하는 것의 부정적인 영향과 관련하여, 부모의 타임아웃 사용이 불안정 애착과 관련되는지의 여부를 밝혀내지 못했다. 미국에서 수행된 전국 규모의 조사 연구에서는 유아 부모의 42~70%

〈표 3-1〉 애착 및 행동주의 중재에서 아동 행동에 대한 긍정적인 부모 반응의 예

아동 행동에 대한 긍정적인 부모 반응의 설명	집단	주요 이론적 모델/중재	문헌
"아기의 부정적인 신호인 안달하거나 우는 행동은 변화를 위해 민감하게 반응해야 할 표적이에요." "진정되지 않으면 엄마는 아기를 계속 달래야 하고 우는 아기를 진정시키는 것은 매우 중요해요."	신생아의 민감성을 위해 선정된 낮은 경제 수준 가정의 6개월 아기와 생물학적 엄마	애착(민감한 아기의 엄마를 위한 기술 중심의 부모 코칭)	van den Boom, 1994

"관심 추구 행동(예, 보채기, 조르기, 울화, 방해하기)은 무시될 수 있어요." "무시하기에 앞서 '바람직하지 않은' 행동을 결정하세요."	3~8세의 불순종 아동	행동주의(불순종 아동 돕기)	McMahon & Forehand, 2003
"어떤 엄마는 아기의 고통에 대해 좀 더 빠르고 민감하게 인지하고 반응하는데, 어떤 엄마는 아기가 탐색하도록 두는 것을 중요시해요."	낮은 경제 수준 가정의 6개월 아기와 생물학적 엄마	애착(가정방문 안전서클)	Cassidy et al., 2011
"중재자는 아기가 소리 지를 때 무시하게 하고 소리 지르는 것을 멈추고 조용해졌을 때 칭찬하게 해요." "부모에게 긍정적인 신체적 접촉(예, 아기의 등을 토닥여 주기)을 사용하도록 촉구하고 적절한 행동을 강화하기 위해 구어적 칭찬과 함께 비구어적 칭찬(예, 손뼉치기)을 사용하도록 촉구해요."	낮은 경제 수준 가정의 12~15개월 아기와 생물학적 엄마	행동주의(부모-아동 상호작용 치료, PCIT)	Bagner et al., 2013
"사탕을 달라고 하면서 트럭을 뒤집어엎는 아이의 행동을 무시하세요. 대신에 다른 트럭을 열심히 바닥에 굴리면서 멋진 엔진 소리를 내세요."	학대받은 23개월 유아와 생물학적 엄마	행동주의(부모-아동 조율치료, PCAT)	Dombrowski et al., 2005
"회기 전반에 걸쳐 아이의 고통에 반응하도록 부모를 촉구하고 지지하는 것이 가장 중요해요."	가정폭력, 부모의 물질남용, 아동 방임 등의 이유로 시설에 속해 있는 1~21개월 아동의 부모	애착(애착과 생물행동적 캐치업, ABC)	Bernard et al., 2012
"무시하기는 아이의 관심 추구 행동(소리 지르기, 말대꾸하기, 보채기, 뚜렷한 이유 없이 울기)을 줄일 수 있어요."	11개월의 파괴적 행동장애를 가진, 위험이 있는 혹은 아동학대 위험이 있는 2~6세 아동과 양육자	행동주의(PCIT)	Eyberg & Funderburk, 2011
"민감성은 ① 아이의 고통 신호에 편안하고 적절히 구조화된 형태로 반응하기, ② 아이가 고통받지 않을 때 아이의 적극적인 탐색을 촉구하고 지지하기 등을 의미해요."	학대로 점검받고 있는 12~71개월 아동과 제1양육자(생물학적 엄마 혹은 아빠)	애착(관계중재 프로그램)	Moss et al., 2011

가 타임아웃을 사용한다고 보고하였다(Barkin et al., 2007; Regalado et al., 2004). 이것은 최소한 아동과 안정적으로 애착을 형성하고 있는 부모는 자녀에게 타임아웃을 사용하고 있음을 나타내는 것이다.

□ 행동주의와 애착 기반 양육 중재의 유사성

이론을 실제에 적용할 때 행동주의와 애착 기반 양육 중재 간에 많은 유사성이 있다는 것이 분명하다. 심리사회적 중재에 관한 많은 문헌에서 보는 바와 같이, 어떻게 해서 개선이 일어나는지를 검증한 부모-아동 중재 연구는 상대적으로 많지 않다. 따라서 개선은 행동주의와 애착 기반의 양육 중재 간 유사성에서 기인되는 것일지도 모른다.

많은 행동주의와 애착 기반의 양육 중재 간에 한 가지 공통점은 중재의 결과로 아동과 부모 간 놀이가 증가한 점이다. 따라서 부모가 자녀와 놀이를 한 시간이 증가한 것은 중재의 이론적 접근에 관계없이 유아를 위한 중재의 효과를 나타내는 핵심적 요소일 수도 있다. 낮은 경제 수준의 엄마를 대상으로 한 최근의 연구에서는 아동주도 놀이의 행동주의 코칭(즉, 아동의 놀이를 칭찬하고 기술하도록 엄마를 코칭함)과 엄마와 아동이 '평상시대로 놀이하는' 통제집단을 비교하였다(Kochanska et al., 2013). 두 집단 모두에서 아동의 엄마와의 협동이 유의미하게 증가하였고, 실제로는 통제집단의 효과 크기($d=0.58$)가 아동주도 놀이 집단의 효과 크기($d=0.31$)보다 더 컸다. 엄마가 평정한 자녀의 사회-정서 능력 또한 두 집단 모두에서 유의미하게 개선되었다(Kochanska et al., 2013).

행동주의 및 애착중심 양육 중재 간의 또 다른 유사성은 중재를 통한 부모의 관찰 기술 개선과 부모의 긍정적 양육 기술 강화이다. 부모 자신의 행동과 자녀의 행동을 관찰하는 부모의 기술을 개선하기 위해 비록 다양한 서로 다른 전략과 이론적 모델이 사용되지만, 핵심적인 요소는 부모에게 관찰에 대한 틀을 제공하고 관찰을 하기 위한 지지적인 환경을 제공함으로써 부모의 관찰 기술을 개선하는 것이다. 인크레더블 이어즈(Incredible Years)와 트리플 P(Triple P) 행동주의 중재에서는 선행 사건의 관찰과 아동 행동에 대한 반응을 촉진하기 위해 서로 다른 상황을 다루는 부모에 대한 표준 비디오가 사용되었다. 부모-아동 상호작용치료(PCIT)와 불순종 아동 돕기에서는 자녀의 비구어 행동을 묘사하고 구어 행동을 반영하며 비구어 및 구어 행동을 칭찬하는 것을 통해 부모의 관찰 기술을 개선한다. 보기 · 기다리기 · 궁금해하기(WWW)와 아동-부모 심리치료(CPP)에서도 관찰 기술을 기르는데, 회기 동안에 부모에게 자녀의 행동을 묘사하고 반영하게 한다. WWW는 또한 부모에게 자녀와 놀이하면서 일어난 일을 매일 설명하게 하여 부모의 관찰 기술을 함양한다. 제2장에 기술된 애착이론에 근거한 많은 중재는 부모-아동 상호작용에 대한 비디오 촬영을 하고 관찰을 촉진하기 위해 그것을 부모와 함께 시청한다.

☐ 결론

행동주의와 애착이론은 긍정적 양육에 관해 일치하지 않는 부분이 있지만 공통되는 부분도 있다. 불일치 부분에 대해 좀 더 면밀한 검토를 해 보면, 아동의 서로 다른 행동 유형에 반응하는 것이 차이점인지도 모르겠다.

이 책의 나머지 부분에서는 필자가 가족과의 중재에서 행동주의와 애착이론을 통합하는 데에 사용하는 틀을 주로 다룰 것이다. 제4장은 행동 관리 기술과 애착 안정성을 증진하는 행동에 대한 부모 코칭 틀을 다룰 것이다. 제5, 6, 7, 8장에서는 애착의 서로 다른 작동 모델을 상세하게 코칭하는 것에 대해 살펴볼 것이다.

참고문헌

Ainsworth, M. (1967). *Infancy in Uganda.* Baltimore: Johns Hopkins Press.

Bagner, D., Rodriguez, G., Blake, C., & Rosa-Olivares, J. (2013). Home-based preventive parenting intervention for at-risk infants and their families: An open trial. *Cognitive and Behavioral Practice, 20,* 334-348.

Barkin, S., Scheindlin, B., Ip, E., Richardson, I., & Finch, S. (2007). Determinants of parental discipline practices: A national sample from primary care practices. *Clinical Pediatrics, 46*(1), 64-69.

Bernard, K., Dozier, M., Bick, J., Lewis-Morrarty, E., Lindhiem, O., & Carlson, E. (2012). Enhancing attachment organization among maltreated children: Results of a randomized clinical trial. *Child Development, 83*(2), 623-636.

Cassidy, J., & Marvin, R. (1992). *Attachment organization in three and four year olds: Coding manual.* Unpublished scoring manual.

Cassidy, J., Woodhouse, S., Sherman, L., Stupica, B., & Lejuez, C. W. (2011). Enhancing infant attachment security: An examination of treatment efficacy and differential susceptibility. *Development and Psychopathology, 23,* 131-148.

Dombrowski, S., Timmer, S., Blacker, D., & Urquiza, A. (2005). A positive behavioural intervention for toddlers: Parent-child attunement therapy. *Child Abuse Review, 14,* 132-151.

Eyberg, S., & Funderburk, B. (2011). *Parent-child interaction therapy protocol.* Gainesville: PCIT International, Inc.

Eyberg, S., & Robinson, E. (1981). *Dyadic parent-child interaction coding system.* Unpublished coding manual.

Kochanska, G., & Kim, S. (2012). Toward a new understanding of legacy of early attachments for future antisocial trajectories: Evidence from two longitudinal studies. *Development and Psychopathology, 24,* 783-806.

Kochanska, G., Kim, S., Boldt, L., & Nordling, J. (2013). Promoting toddlers' positive social-emotional outcomes in low-income families: A play-based experimental study. *Journal of Clinical Child & Adolescent Psychology,*

42(5), 700-712.

Main, M., & Cassidy, J. (1985). Assessments of child-parent attachment at six years of age. Unpublished manuscript.

McMahon, R., & Forehand, R. (2003). *Helping the noncompliant child: Family-based treatment for oppositional behavior* (2nd ed.). New York: Guilford.

Moss, E., Dubois-Comtois, K., Cyr, C., St-Laurent, D., & Bernier, A. (2011). Efficacy of a home-visiting intervention aimed at improving maternal sensitivity, child attachment, and behavioral outcomes for maltreated children: A randomized control trial. *Development and Psychopathology, 23*, 195-210.

Powell, B., Cooper, G., Hoffman, K., & Marvin, R. (2014). *The circle of security intervention: Enhancing attachment in early parent-child relationships*. New York: Guilford.

Regalado, M., Sareen, H., Inkelas, M., Wissow, L., & Halfon, N. (2004). Parents' discipline of young children: Results from the national survery of early childhood health. *Pediatrics, 113*(6), 1952-1958.

Robinson, E., & Eyberg, S. (1981). The dyadic parent-child interaction coding system: Standardization and validation. *Journal of Consulting and Clinical Psychology, 49*(2), 245-250.

Siegel, D., & Bryson, T. (2014). 'Time-Outs' are hurting your child. http://time.com/3404701/discipline-time-out-is-not-good/#3404701/discipline-time-out-is-not-good/. Accessed 18 Oct 2014.

Speltz, M., DeKlyen, M., Greenberg, M., & Dryden, M. (1995). Clinic referral for oppositional defiant disorder: Relative significance of attachment and behavioral variables. *Journal of Abnormal Child Psychology, 23*(4), 487-507.

van den Boom, D. (1994). The influence of temperament and mothering on attachment and exploration: An experimental manipulation of sensitive responsiveness among lower-class mothers with irritable infants. *Child Development, 65*, 1457-1477.

제2부

긍정적 양육 코칭을 위한 통합 모델

제4장

행동주의와 애착이론의
통합체제를 통한 부모 코칭

시너지: 각 효과의 합보다 더 큰 통합된 효과를 생산하기 위한
둘 또는 그 이상의 기관, 물질, 또는 다른 요인들의 상호작용이나 협력
(Oxford English Dictionary, 2014)

중재자가 한 엄마로부터 퉁명스러운 음성 메일을 받았다. 엄마는 중재자의 서비스에 관심은 있지만 예약을 잡기 전에 중재자의 자격에 대해 더 알기를 원했다. 중재자는 답신하는 것이 두려웠다. 중재자는 음성 메일에 녹음된 목소리에서 이미 자신이 평가되었고 비난받았다고 생각했다. 음성 메일은 그녀의 4학년 때 선생님을 떠올리게 했다. 그 선생님은 그녀가 숙제하는 것을 잊어버린 때를 항상 알고 있는 것 같았다. 중재자가 엄마인 매기에게 전화했을 때, 아들 브로디의 울화와 불순종 그리고 분노를 설명하는 매기의 목소리에 담긴 절망감을 들으면서 중재자의 마음은 누그러졌다.[1] 중재자는 매기에게 자신의 자격과

---

1) 이 글은 애착이론과 행동주의에 근거하여 측정을 활용한 부모-아동 상호작용 평가를 설명하기 위해 작성된 가상의 글이다.

경험을 알려 주었고, 가족과 함께 치료하는 그녀의 중재법에 대해 설명했다. 또한 매기와 남편 켄드릭이 같이 참여할 초기 면담과 매기와 켄드릭이 브로디와 상호작용하는 것을 관찰하게 될 초기 부모-아동 평가에 대해서 설명해 주었다.

초기 면담에서 매기와 켄드릭은 브로디의 행동문제와 그것을 다루기 위해 지금까지 시도해 온 방법을 설명했다. 어렸을 때 어떻게 양육받는지 물었을 때, 그들은 자신의 어린 시절에 대해서 솔직하면서도 진솔하게 이야기했다. 그들은 둘 다 가난하게 자랐고, 그래서 아이들에게는 더 좋은 기회를 제공해 주기를 원했다. 그들은 아이를 가질 수 있을 만큼 재정적으로 안정될 때를 기다리면서 열심히 일해서 성공했다. 매기는 그녀의 부모가 가졌던 높은 기대와 그런 기대를 충족하기 위해 부모가 거리낌 없이 체벌했다는 것을 말하면서 눈물을 흘렸다. 그녀는 자기 아이들은 때리지 않으리라 다짐했고, 자신이 브로디의 행동문제에 대해 너무 관대한 것이 아이를 갖기 위해 너무 오래 기다린 것 때문은 아닌지 궁금해했다. 켄드릭은 그의 부모를 '죄의식을 통한 훈육'으로 설명했다. 그가 기억하는 한 사건을 이야기했는데, 켄드릭의 부모는 그가 여동생을 때린 것에 대해 함께 이야기했다. 때리는 행동은 그들 가족 내에서 절대 용납될 수 없고, 그가 여동생에게 얼마나 중요한지, 오빠에게 맞았을 때 여동생의 감정이 어떠했을지, 그리고 그들이 얼마나 실망했는지를 설명했다.

면담 마지막에 중재자는 자신이 그들과 비슷한 문제를 가진 다른 가족들과 함께 일해 온 것을 말해 주면서 매기와 켄드릭을 안심시켰다. 중재자는 브로디와의 관계를 개선하고 그의 행동문제를 다루는 일에 자신감을 보였다. 그리고 다음 회기의 주제가 될 표준화된 관찰, 즉 부모-아동 상호작용 관찰에 대해 설명했다. 매기와 켄드릭은 평가가 진행되는 동안 브로디가 완벽한 천사가 될 수 있을지 걱정했다. 중재자는 자신이 집에서 나타나는 아이의 행동문제를 보기는 쉽지 않겠지만 표준화된 상황을 통하여 브로디의 행동문제를 어떻게 다룰지에 대한 유용한 정보를 얻을 수 있을 것이라고 설명했다.

중재자가 부모-아동 평가를 위해 대기실에 들어갔을 때, 브로디는 그의 명성에 걸맞게 부모의 반응을 보면서 주먹으로 책상을 두드리고 있었다. 중재자는 브로디에게 자신을 소개한 후에 더 많은 장난감이 있는 놀이방으로 갈 것이라고 말했다. 브로디는 뛰면서 아빠의 손을 세게 잡아당겼다. 놀이방에 들어간 후에 중재자는 브로디에게 부모가 그와 함께 놀이방에서 노는 동안 자신이 귀에 꽂는 송신기를 통해 부모와 말할 것이라고 설명했다. 엄마가 송신기를 귀에 꽂고 아빠는 순서를 기다리기 위해 대기실로 가자, 브로디는 바닥에 있는 주차장 램프 장난감으로 향했다. 엄마가 다가와서 근처에 있는 의자에 앉자, 브로디는 차를 램프 아래로 밀기 시작했다. 5분 동안 놀이를 한 후, 중재자는 송신기를 통해 엄마에게 방에서 나오라고 말했다. 브로디는 처음에는 엄마가 방을 나가는 것에 대해 투덜대며 엄마가 방에 있어야 한다고 강하게 말하면서도 다시 놀이로 돌아가 5분간 혼자 놀이방에 머물렀다. 브로디는 작게 흥얼거리고 가끔 문을 보면서 차를 계속 램프 아래로 밀었다. 엄마가 돌아왔을 때 그는 "보세요. 내가 램프 아래로 빠르게 갈 수 있어요."라고 말했다. 매기는 웃으면서 "아빠처럼 말이지."라고 말했다. 브로디와 엄마의 상호작용은 두 번째 5분간 분리, 5분간 재회 그리고 5분의 아동주도 놀이를 통해 자연스럽게 이어졌다.

브로디가 부모주도 놀이에 참여하게 되었을 때. 중재자는 매기와의 통화에서 들었던 퉁명스러운 목소리와 대기실에서 보았던 까다롭고 몹시 기분이 안 좋아 보이는 듯한 느낌을 받았다. 매기와 브로디의 상호작용은 점점 더 부정적으로 변했고, 중재자는 그들이 마무리 정리를 할 때 마음이 불편해졌다. 브로디에게 장난감을 정리하라고 했을 때, 매기의 목소리는 마치 훈련 담당 군인 같았다. 만일 매기가 브로디에게 팔굽혀펴기 10개를 하라고 시켰다 해도 중재자는 조금도 놀라지 않았을 것이다. 결국에는 브로디가 쾅 소리가 나도록 블록을 세게 상자에 넣었고, 매기는 "조용히!"라고 소리를 질렀다. 마지막 5분이 남았을 때, 중재자는 깊은 한숨을 쉬며 방으로 갔다.

짧은 휴식 후에 켄드릭과 브로디가 놀이방으로 들어갔다. 브로디는 "트랙터!"라고 외치며 책상 위에 올려 둔 트랙터를 만지려고 달려갔다. 켄드릭은 브로디가 보인 열정에 환하게 웃으면서 중재자에게 "브로디는 트랙터를 아주 좋아해요."라고 말했다. 켄드릭과 브로디는 5분 동안 놀면서 트랙터에 관해서 이야기를 나누었다. 분리 시간이 되었을 때, 켄드릭은 브로디에게 자신은 몇 분 동안 나가 있어야 하고, "너는 여기 남아서 농장을 돌봐야 해."라고 말했다. 브로디는 연장을 트랙터에 붙였다 떼기를 계속했다. 켄드릭이 돌아왔을 때, 브로디는 웃으면서 아빠에게 자신이 한 일을 말하기 시작했다. 켄드릭는 브로디가 탈곡기와 건초 뭉치는 기계의 이름표를 정확하게 붙인 것이 무척 기특했다. 두 번째 분리와 재회는 첫 번째의 것과 비슷했다. 브로디는 혼자 있을 때는 조용하게 놀다가 아빠가 돌아오면 같이 놀이를 했다. 좋은 분위기는 아동주도 놀이 동안에도 계속되었고, 중재자는 브로디와 아빠 사이의 마음을 따뜻하게 만들어 주는 상호작용을 보면서 자신이 미소 짓고 있다는 것을 깨달았다. 중재자는 켄드릭에게 부모주도 상호작용을 시작하라는 신호를 주면서 약간의 긴장감을 느꼈다. 켄드릭은 "자, 아들! 우리는 트랙터를 꽤 오래 가지고 놀았어. 이제 블록으로 무언가를 만들어 보는 건 어때?"라고 말했다. 중재자가 아주 놀라워할 정도로 브로디는 선뜻 동의했고 아빠와 함께 블록을 쌓기 시작했다. 5분 뒤에 아빠로 하여금 브로디에게 장난감을 정리하게 했을 때, 중재자는 브로디가 아빠와 함께 정리 노래를 부르면서 바로 장난감을 정리하는 것을 보고 더욱 놀랐다.

□ 부모-아동 상호작용 평가

나는 중재를 시작하기 전 보통 인터뷰 단계에서 부모-아동 상호작용과 아이의 행동문제에 대한 표준 평가를 한다(드러난 문제를 다루기 위해 필요하다면 추가적인 검사를 한다. 예를 들어, 아이가 학교에서 문제가 있다면 학교 행동 체크리스트와 인지 검사를 한다). 초기 평가와 함께 애착이론과 행동주의의 두 가지 렌즈를 통해 부모-아동 상호작용을 살펴본다. 애착과 행동주의의 평가는 서로 겹치는 부분이 비교적 적기 때문에 두 가지 유형의 평가를 모두 하는 것이 가장 유용하다. 내가 수행한 부모-아동 상호작용의 연구 기반 평가는 애착이론(취학전 아동을 위한 낯선 상황 절차나 수정된 낯선 상황 절차; Cassidy et al., 1992)과 행동주의[부모-아동 상호작용 코딩시스템(Dyadic Parent-Child Interaction Coding System); Eyberg et al., 2005, 2013]를 기초로 한다. 또한 부모에게 아이의 행동문제 및 사회정서적 기능[아동 행동 체크리스트(Child Behavior Checklist: CBCL; Achenbach 2000)와 아이버그 아동 행동 검사(Eyberg Child Behavior Inventory: ECBI; Eyberg & Pincus, 1999)]을 작성하게 한다. 애착과 애착장애를 포함한 문제를 나타낼 때는 애착장애 인터뷰(Disturbances of Attachment Interview; Smyke, Dumitrescu, & Zeanah, 2002), 안전서클 면담(Main & Goldwyn, 1998; Hoffman et al., 2006; Powell et al., 2014), 또는 성인 애착 인터뷰(Adult Attachment Interview; Steels & Steels, 2008)와 같은 연구 기반 평가를 추가적으로 실시한다. 사전 평가는 드러난 문제와 애착 모델에 부모 코칭을 맞추기 위해 사용된다.

브로디와 켄드릭 그리고 매기의 사례에서 켄드릭과 매기가 작성한

ECBI는 브로디 행동의 강도 및 문제 척도의 부모 T점수가 두 가지 모두 70 이상으로 유의미한 문제임을 나타내고 있다(즉, 평균보다 2 표준편차 이상 높다). 부모가 작성한 CBCL은 유의미한 외현화 행동문제들(T점수>70) 외에도, 브로디가 또래의 다른 남자아이보다 더 신경질적이고 불행하다는 것을 보여 준다(내재화 문제 T점수>60). 브로디와 부모에 대한 행동 관찰은 가족에게 유의미한 강점뿐만 아니라 그들이 힘들어하고 있는 영역에 대한 정보를 제공해 준다. 우선, 부모와의 분리와 재회에 있어 브로디의 반응을 관찰한 결과, 브로디가 부모를 안전기지뿐만 아니라 안전한 은신처로 받아들인다는 것을 알 수 있다. 즉, 그들의 애착 관계의 전반적인 특성은 안정적이다. 하지만 대기실에서 그리고 엄마와의 부모주도 놀이와 마무리 정리 단계에서 브로디에 대한 관찰의 결과는 브로디에게 무시하지 못할 문제가 있다는 것과 그가 요구에서 벗어나기 위해 잘못된 행동을 이용한다는 것을 보여 주고 있다.

☐ 역전이

나는 **역전이**(countertransference)를 중재자가 조언해 주는 가족에게 반응하는 방법으로 정의한다. 나는 이 용어를 중재자가 부모와 아이를 향해 갖는 감정과 그들을 향해 행동하는 방식 모두를 표현하기 위해 사용한다. 나는 역전이를 '관리되는' 것이 필요한 무언가보다는 유용한 정보를 제공해 주는 것으로 본다. 역전이가 가족에 대한 유용한 정보를 제공해 주기 위해서 나의 감정과 행동 반응 그리고 반응에 영향을 주는 요소들에 대해 생각해 보는 것이 중요하다. 다르게 말하면, 내 반응의 어떤 측면이 부모와 아이의 내면에서 작용하는 애착 모델과 강화 역사를 나타낼 수 있는지, 그리고 내 반응의 어떤 측면이 나의 내면에서 작동하는 애착 모델과 강화 역사를 나타낼 수 있는지를 분류할 수 있을 때 가장 유용하다. 이런 렌즈를 통해 나의 반응을 볼 수 있을 때, 그것은 일반적인 정보(예, 다른 사람들은 부모와 아이에게 어떻게 반응하는가)와 구체적인 정보(예, 내가 가족과 함께 빠질지도 모르는 부정적 상호작용 패턴의 유형) 모두를 제공한다. 그것은 가족과 관계 맺는 것을 더 쉽게 해 주고 이전의 부정적 상호작용 패턴의 반복을 피하게 해 준다.

브로디와 켄드릭 그리고 매기의 사례에서, 이 가족에 대한 중재자의 의견에 의하면 가족 갈등에 관한 몇 가지 단서를 얻을 수 있다. 중재자는 매기와 상호작용을 하는 동안 긴장하고 방어적이었던 몇몇 경우를 생각했다. 이런 순간을 떠올렸을 때, 그것이 일반적으로 매기가 퉁명스러웠을 때가 아마 매기가 상처받기 쉽거나 무능하다고 느낄 때였다는 것을 인식했다. 자신이 너무 관대한 것 같다는 매기의 걱정에 근거해서 중재자는 매기가 이런 순간에 브로디와 다른 사람들에게 얼마나 대립적인지를 모르고 있다고 추측했다. 중재자는 그녀가 브로디와 켄드릭 사이의 따뜻하고 편안한 상호작용과 아빠의 간접적인 요구에 대한 브로디의 수행을 관찰할 때 얼마나 다르게 느꼈을지를 생각해 보았다. 중재자는 이것을 긍정적인 신호로 인식했는데, 브로디가 자신을 '버릇없는' 것으로 내면화하고 있지 않음을 보여 주었기 때문이다. 하지만 중재자가 이것을 매기의 관점에서 보았을 때, 매기는 아이의 버릇없는 것이 자신의 무능함 때문이라고 의심하였다. 중재자는 또한 매기가 퉁명함으로 자신의 취약함을 숨기려는 경향이 있는 것은 자신의 취약함을 나누는 것이 어렵기 때문이라고 짐작했다.

❑왜 부모 코칭인가

제1장과 제2장에 기술된 많은 중재는 **부모 코칭**을 포함한다. 즉, 부모와 아이의 실제 상호작용에 대해 아이와의 상호작용을 비디오 검토를 통해 코칭하거나 두 가지 방법을 조합하여 코칭한다. 양육은 코칭 접근법을 적용할 수 있는 기술 중 하나이다. 양육은 순차적인 암기를 포함하는데, 예를 들면 무엇을 어떻게 하느냐를 배우는 것이다. 이 경우에 운전을 배우거나 스포츠를 하는 것과 비슷하다. 따라서 양육 관련 코치는 실제 상황에서 아이와 함께 상호작용할 때 또는 자녀에 대한 반응 동영상을 토론하고 분석함으로써, 다른 방식으로 반응하는 것을 배울 수 있는 특별히 효과적인 방법이다. 덧붙여서, 양육은 강한 감정을 불러일으킨다. 이런 강한 감정에 직면해서 부모는 '잘 알고 있음'에도 불구하고 이전에 학습된 반응으로 돌아갈 수도 있다. 미끄럼 방지 장치가 생기기 이전에 운전을 배운 사람들은 그들이 미끄럼 방지 장치를 갖고 있기 때문에 브레이크를 밟을 필요가 없다는 것을 '알고 있음'에도 불구하고 날씨가 나쁘거나 미끄러운 길을 가는 것과 같은 주의가 필요한 상황에서 자동으로 브레이크를 밟으려는 경향이 있는 것과 비슷하다. 부모 코칭을 하면서 우리는 부모가 감정적인 상황에서 이런 자동적인 경향을 인식하고 중단하도록 도울 수 있다.

❑애착 코칭을 행동주의 부모 코칭에 통합하기

건강한 애착에 있어서 애착과 탐색 사이의 균형, 아동의 애착과 탐색 신호, 안정적인 애착과 관련된 양육 행동에 관한 코멘트 등을 중재자가 인식할 때, 이것은 행동주의 부모 코칭으로 통합될 수 있다. 예를 들면,

불순종 아동 돕기(Helping the Noncompliant Child; Forehand & McMahon, 1981; McMahon & Forehand, 2003) 또는 부모-아동 상호작용치료(Parent-Child Interaction Therapy: PCIT; Eyberg & Funderburk, 2011; McNeil & Hembree-Kigin, 2010; Urquiza et al., 2011)와 같은 Hanf 기반 행동주의 부모 코칭 접근으로 통합할 수 있는데, 이 접근에서는 긍정적 부모-아동 상호작용을 촉진하기 위해 부모가 아동주도 놀이(아이의 게임이나 아이가 지시하는 상호작용)와 부모주도 놀이(부모의 게임이나 부모가 지시하는 상호작용)를 할 때 행동주의 양육 기술을 사용하도록 코치한다.

❏ 행동주의 아동주도 놀이에서 무시하기 코칭에 대한 애착중심 접근

제3장에서 보았듯이, 애착 관점에서 무시의 잠재적인 위험성은 부모가 애착 신호를 무시하고 애착 관계의 안정성을 과소평가할 수 있다는 것이다. 나는 무시하기를 심도 있게 지도한다. 아동주도 놀이 상황에서 무시를 사용하는 부모에게 집중한다. 부모에게 이런 상황 밖에서는 무시하기를 사용하지 말 것을 권고한다. 불순종 아동 돕기(McMahon & Forehand, 2003)에서의 아동주도 놀이와 같이, 부모를 지도하기 전에 무시해야 할 특정 행동에 대해 정의한다. 어떤 행동을 무시해야 하는지는 부모의 걱정과 아동의 현재 행동문제의 수준에 따라 안내한다. 그러나 부모가 특정 행동을 무시하는 것을 사용하지 않도록 안내하는 애착이론에 대한 훈련도 함께 한다. 예를 들면, 나는 부모가 아동의 우는 행동을 '관심 끌기' 또는 '이렇다 할 이유 없는 것'으로 단정하는 것이 안타깝다. 그래서 나는 부모에게 우는 것을 무시하라고 지도하지 않는다. 무시하기를 지도할 때 나는 행동에 집중하려고 하는데, 그 행동은 장난감을 거칠게 가지고 논다거

나 애착 신호인지 또는 고통을 나타내는 것인지 헷갈리지 않는 명백한 칭얼거림 같은 것이다.

부모가 무시하기와 관련하여 자주 거론하는 '행동' 가운데 하나는 울화이다(감정적인 폭발, 심술 부림, 통제 상실로도 부를 수 있다). 중재자와 부모가 이 단어를 사용할 때 같은 행동에 대해 말한다고 생각할 때가 종종 있지만, 울화 또는 통제 상실에는 매우 다른 정의가 있다. 따라서 만일 부모가 무시하기를 원하는 행동 가운데 하나가 울화라면, 울화에 대한 그들의 정의를 주의 깊게 살펴보는 것이 아주 중요하다. 부모가 울화를 정확하게 정의할 수 있도록 안내할 때, 아이가 격한 감정을 다루기 위해 도움을 필요로 하는 '고통스러운 울화(distress tantrums)'와 부모를 괴롭혀 특정 목표(예, 가게에서 쿠키를 사도록 하는 것)를 달성하기 위해 짜증을 이용하는 '작은 네로 울화(little Nero tantrum)'의 차이를 명백히 안내하는 것이 좋다(Sunderland, 2006). 어린아이들은 종종 감정적 폭발을 '고통'과 '작은 네로' 울화의 두 가지 모두로 표출하기는 하지만, 이런 차이를 부모와 함께 토론하고 정의를 만들어 나갈 때 울화의 다른 측면에 대해 논할 수 있게 된다. 갈등과 고통으로 이어질 수 있는 아이와 부모 간의 다른 관점을 토론할 때, 어떤 부모에게는 Greg Prembroke의 『아이가 우는 이유(Reason My Kid Is Crying)』(Prembroke, 2014)라는 책과 웹 사이트 www.reasonmysoniscrying.com을 소개해 주기도 한다.

내가 만일 아동주도 놀이 이외의 상황에서 부모가 무시하기를 사용하도록 추천한다면, 그것은 어떤 목표를 위해 특별히 행동을 정의한 것이다. 애착과 행동주의 관점 모두에서 무시하기는 가끔 사용되어야 가장 효과적이다.

나는 부모에게 잘못된 행동을 무시하도록 지도하는 것을 강조하지만, 또한 어떤 부모에게는 약간의 불만과 작은 고통에 대한 표현은 무시하라고 지도하기도 한다. 이런 유형의 무시는 아이의 조절 능력을 지지해 줌으로써 안정적으로 애착된 관계에서 부모가 아이에게 어떻게 자기조절을 배우도록 도울 수 있는지를 가르쳐 준다. 제2장에서 언급했듯이, 민감성은 아이가 자기조절 기술을 발전시켜 갈 때 아이의 고통에 대해 '적당한' 정도의 민감한 반응을 제공하는 것이다(Beebe et al., 2010; van Ijzendoorn & Hubbard, 2000).

나는 부모에게 이렇게 설명한다. "당신이 정말 화났을 때보다 약간 화났을 때 마음을 진정시키는 것을 배우는 게 더 쉽습니다. 마찬가지로 아이가 조금 흥분했을 때 마음을 진정시키는 것을 많이 연습할수록, 아이의 화가 끝까지 올라갈 가능성은 적어집니다." PCIT에서는 무시하기가 부모 자신만의 놀이라고 설명하는 특별한 전략을 사용한다. 그들의 놀이를 함으로써 부모는 아이의 주의를 다른 곳으로 돌리기도 하고, 아이와 직접적으로 상호작용하지 않더라도 부모가 여전히 그 자리에 있어 함께할 수 있다는 것을 알려 준다. 이 전략에 좀 더 자신감을 가지고 나면 부모는 감정을 극복하기 위한 전략을 모델링하도록 지도받는데, 놀이를 설명하는 동안 그들이 어떻게 느꼈는지 또는 어떻게 깊은 한숨을 쉬었는지 등과 같은 것이 포함된다.

부모에게 무시하기를 지도할 때, 나는 다른 행동의 모방과 차별강화 개념도 사용한다. 그 목표는 아이에게 부모와의 관계를 맺는 방법을 가르치는 것이다. 이것은 아이가 완벽한 행동을 한다는 의미가 아니라 부모가 지금보다 아이의 행동에 더 잘 적응하는 방법을 배운다는 의미이다. 예를 들면, 나는 자주 소리 지르는 아이의 부모를 처음 지도할 때 아이가 조금 낮은 목소리로 무언가를 말할 때까지 부모 자신만의 놀이를 하라고 지도한다. 만일 아이가 "나 화났어요."라고 말하면, 아이가 자신의 감정을 자기 스스로 표현한 것에 대해 칭찬하라고 지도한다. 몇몇 부모는 무시하기 교육을 받을 때 가장 도움이 된 부분은 무시하는 것을 언제 멈추고 언제 다시 아이에게 집중해야 할지를 알려 준 것이라고 말한다.

❑ 아동주도 놀이 중 애착에 대한 코멘트

아이의 애착과 탐색 신호에 대한 실제 상황에서의 코칭 예는 〈표 4-1〉
에 나와 있다. 이러한 신호를 단지 설명하는 것만으로도 중요한 중재가
된다. 어린아이를 키우느라 바쁘고 잠도 제대로 못 자는 부모는 까다로운
유아와 상호작용할 때 일어나는 달콤한 순간을 놓쳐 버리기 쉽다. **아동주
도 놀이**를 지도할 때, 우리는 부모가 이러한 순간에 주목하고 감사하도록
세상을 천천히 돌아가게 할 수 있다. 늘 바쁘고 잠도 제대로 못 자는 중재
자조차도 어린아이가 "보라색은 엄마가 제일 좋아하는 색깔이에요."라고
말하면서 부모에게 보라색 차를 건네줄 때는 정말 행복하다.

부모 코칭은 부모의 반응이 주는 긍정적 영향을 관찰함으로써 부모가
자신의 행동이 아이에게 어떤 영향을 미치는지 볼 수 있도록 도와준다.
〈표 4-2〉에는 안정 애착과 관련된 양육 행동을 강조하는 코칭의 예가
나와 있다. 가장 어려운 부모 코칭은 실제 상황에서 아이에게 새로운 방
법으로 반응하도록 지도하는 것이다. 이런 코칭은 꼭 필요할 때만 사용
하여야 하며 부모의 마음상태에 맞는 애착 모델과 함께 사용되어야 한다
(제5~8장 참조). 이런 종류의 코칭 예는 〈표 4-3〉에 나와 있다.

〈표 4-1〉 아이의 애착 또는 탐색 신호를 설명한 코칭 예

저것은 아이가 '엄마 미소' 짓는 거예요. (애착)
아이가 엄마한테 공주인형을 가지고 있으라고 했어요. (애착)
아이는 엄마의 관심을 정말 좋아해요. (애착)
아이는 오늘 뭔가 새로운 것을 해 보려고 해요. (탐색)
아이가 놀려고 엄마 옆으로 왔어요. (애착)
아이가 엄마에게 편하게 기대는 게 보기 좋네요. (애착)

아이가 블록을 가지고 뭔가 재밌게 만들고 있어요. (탐색)

아이는 아빠가 흔들리는 치아를 봐 주길 원해요. (애착)

아이는 엄마를 보면 밝아져요. (애착)

아이는 자기 스스로 무언가를 한 것을 정말 좋아해요. (탐색)

아이는 당신과 신나는 일을 함께 이야기하길 정말 좋아해요. (애착)

아이가 당신에게 더 가까이 다가가요. (애착)

아이는 자기 스스로 뭔가를 만든 것을 정말 자랑스러워해요. (탐색)

〈표 4-2〉 안정 애착을 촉진하는 부모 행동 관찰의 예

엄마가 아이의 기분을 맞추어 준 게 정말 좋아요. (조율)

아이가 놀기 전에 엄마랑 꼭 껴안고 잠깐 같이 있고 싶어 하는 것을 엄마가 알고 있네요. (조율)

아이의 놀이를 묘사하는 것은 아이를 좀 더 독립적으로 만들어 주죠. (안전기지 제공)

엄마가 조용히 함께 있는 시간을 즐기는 걸 보니 좋아요. (조율)

엄마는 아이와 잘 맞아요. (조율)

엄마의 포옹은 아이를 차분하게 만들고 놀이 활동으로 돌아가도록 도움을 줘요. (안전한 은신처 제공)

〈표 4-3〉 부모에게 다르게 반응하도록 코칭하는 예

아이가 장난감을 던진다. 부모는 "조심해야지. 그렇게 장난감을 다루지 마라."라고 한다. 코치는 부모에게 "가서 아이에게 그 장난감을 상자에 넣으라고 지시하세요." 라고 말한다.

아이가 동물원을 만들고 있는데 얼룩말과 사자를 같은 우리 안에 넣는다. 부모는 아이에게 "얼룩말과 사자는 같이 둘 수 없어, 사자가 얼룩말을 잡아먹을 거야."라고 말하면서 얼룩말을 옮긴다. 코치는 부모에게 "여기는 아이가 만든 동물원이에요. 여기에서는 사자가 얼룩말을 잡아먹지 않을 거예요. 가서 아이가 하고 있는 것을 말로 설명하세요."라고 말한다.

□ 비디오 피드백 부모 코칭

나는 부모가 자신의 행동이 아이에게 미치는 영향을 시각적으로 보고 아이에 대한 인식을 바르게 하도록 돕기 위해 **비디오 피드백**을 사용한다. 이런 회기는 아이를 제외하고 일정을 잡기 때문에 부모와 나는 방해받지 않고 그들의 상호작용과 감정적인 반응에 대해 의견을 나누는 시간을 가진다. 아이와 상호작용하는 자신을 비디오로 보는 것이 부모에게는 매우 긴장되는 일일 수 있다. 부모가 방어적인 태도를 보일 수 있으므로 천천히 진행하면서 부모와 좋은 협력 관계를 갖는 것이 중요하다. 나는 비디오를 검토하는 시간을 가능한 한 편안하고 위협적이지 않은 분위기로 만든다. 비디오 검토를 위해 테이블을 놓고 음료수와 스낵을 준비한다. 나와 부모 사이에 테이블을 두고, 둘 다 TV 화면을 향해 앉는다. 첫 비디오 피드백 회기는 아이에게 긍정적 영향을 준 부모의 행동과 두 사람 모두 즐거움을 느꼈던 순간에 초점을 맞춘다. 또한 실제 상황 코칭에서 말한 것과 같은 형태의 진술을 자주 한다(〈표 4-1〉과 〈표 4-2〉 참조). 하지만 아이의 분주하고 파괴적인 행동을 비디오에서 아직 보지 않았기에 나는 부모가 상호작용에 대해 어떻게 인식하고 있는지를 알 수 있다.

비디오 피드백 회기 전에 부모에 대한 나의 역전이 반응을 생각해 보는 것이 특별히 중요하다. 비디오 검토를 했던 초창기에는 부모에게 내가 발견한 문제 있는 상호작용을 보여 주었는데, 내가 부모를 대하는 것보다 부모는 그들 스스로 훨씬 더 힘들어하는 것을 알았다. 부모를 지지하는 환경을 제공해 주고 부모로서 그들의 강점을 인식하도록 하는 것이 내게는 중요하다. 그러면 부모는 자신이 어려워하는 부분을 살펴볼 수 있을 만큼 충분히 안전하게 느낄 수 있을 것이다. 비디오 피드백은 내가 부모를 지속적으로 지지하고 배려하는 마음을 갖게 하는 데에 도움이 된다. 부모의 상호

〈표 4-4〉 비디오 피드백 회기 중 부모의 인식이나 반응을 알아보기 위한 부모 코칭 예

이 순간이 기억나나요?

예전에는 몰랐던 것을 지금은 알게 된 것이 있나요?

아이의 무엇에 주목하나요?

당신의 어떤 반응에 주목하나요?

경기가 끝나고 검토할 때처럼, 상호작용 비디오를 보면서 다르게 행동했을 수도 있는 순간을 자주 볼 수 있어요. 당신이 다르게 반응했으면 하고 아쉬움이 남는 순간은 언제인가요?

작용에 대한 인식을 통하여 관계에 대한 그들의 견해를 알아볼 수 있다.

비디오 피드백 회기 후반부에는 부모가 행동주의 양육 기술을 개선시킬 수 있는 방법, 예컨대 칭찬이나 반응을 놓친 기회 등이 있었는지를 살펴보게 한다. 일단 부모가 비디오 피드백 회기를 보다 편안하게 받아들이게 되면, 나는 부모가 상호작용하는 동안 그들의 감정을 확인하는 것을 돕기 위한 질문을 하기 시작한다. 그리고 그 감정이 어떻게 그들의 인식과 아이에 대한 반응에 영향을 주었는지 묻는다. 비디오 피드백 회기에서 부모가 그들의 감정 반응을 살펴보도록 격려하기 위해 사용하는 질문 또는 조언의 예는 〈표 4-4〉에 나와 있다. 비디오 검토는 종종 부모가 자녀와의 상호작용을 개선하는 데 있어서 장애가 되는 것, 예를 들어 그들이 어떻게 양육받았는지 또는 아이에 대한 그들의 감정과 같은 것을 논할 수 있는 좋은 역할을 한다.

□ 아동주도 놀이의 부모 코칭에서 '행동주의 역전이'

행동에 초점을 맞춘다는 것을 고려할 때, 역전이는 행동주의자들이 일반적으로 사용하는 단어는 아니다. 하지만 행동주의 관점에서 보면 우리

가 아이의 행동을 강화하고 벌하고 개선하는 것처럼 부모도 상호작용을 강화하고 벌하고 개선한다. 이 절에서는 '행동주의 역전이'를 이해하고 다루는 방법을 제공한다.

행동주의 양육 기술의 부모 코칭 목적은 부모가 아이에게 사용하도록 코치를 받은 것과 똑같은 기술을 부모에게 사용하는 것이다(Eyberg, 2005; Eyberg & Funderburk, 2011; McNeil & Hembree-Kigin, 2010). 즉, 행동주의 코치는 아동주도 놀이에서 부모를 코칭할 때 주로 정적 강화와 차별적 관심을 사용한다. 예컨대, 부모가 긍정적 행동주의 양육 기술을 잘 사용하는 것을 칭찬하는 것이다.

이런 강조에도 불구하고 행동주의 부모 코치는 시간이 지날수록 특히 부모에게 구체적인 기술을 가르치는 것에 중점을 두며 더 지시하고 비판적이 되고 싶은 강한 유혹에 빠진다. 집단 표본을 대상으로 수행한 아날로그 연구에서, 부정적 부모 행동에 대해서는 비판하고 긍정적 부모 행동에 대해서는 '건설적 비판'을 받은 부모는 단지 긍정적이거나 중립적인 피드백만을 받은 부모보다 지도를 받은 지 20분 뒤부터 훨씬 더 긍정적인 양육 기술을 나타냈다(Herschell et al., 2008). 그래서 중재자는 짧은 시간에 부모가 기술을 습득하도록 하기 위해 부모에게 좀 더 비판적인 피드백을 제공하게 된다. 마치 부모가 아이의 행동이 단기간에 개선되는 것을 보면서 자녀를 비판하는 것으로 강화된 것처럼 말이다.

행동주의 중재자는 코칭하는 동안 반응하기보다는 지시하기가 더 쉽다는 일반적인 견해와 같이, 부모-아동 상호작용치료(Parent-Child Interaction Therapy: PCIT)의 아동주도 놀이 회기에서의 부모 코칭에 관한 한 연구에서 중재자가 반응하는 코칭 진술보다 지시하는 진술을 훨씬 더 많이 사용한다는 것을 발견했다(Barnett et al., 2014). 이 연구는 또한 중재자의 코칭이 부모 행동에 의해서 어떻게 영향을 받는지도 보여 준다. 아이를 많이 칭찬하는 부모는 반응하는 코멘트를 많이 받았지만(주로 칭찬),

아동주도 놀이 기술이 부족한 부모는 지시적인 코멘트를 더 많이 받았다 (Barnett et al., 2014). 이 연구에서 13%의 부모는 코칭받기를 계속하지 못했다. 코칭을 계속해서 받은 가족의 경우, 반응하는 코칭 코멘트는 칭찬을 사용하는 것과 관계가 있었다.

PCIT의 감소에 대한 연구는 사전 중재 과정에서 아이에게 칭찬을 더 하고 비판은 덜 하는 엄마가 PCIT를 완수할 가능성이 더 크다는 것을 밝혔다(Fernandez & Eyberg, 2009; Werba et al., 2006). 행동주의 부모 코칭 초기에 칭찬을 잘하는 부모가 중재를 성공적으로 완수할 가능성이 큰 이유는 간단하다. 부모는 아이를 칭찬하고 중재자는 부모를 칭찬하는, 반응적이고 긍정적인 강화의 순환이 빠르게 형성되는 것이다. 하지만 이 과정 초기에 아이에게 칭찬은 조금 하고 비판은 많이 하는 가족은 어떠한가? 행동주의 양육 중재에서 중단율이 상대적으로 높다는 점과 중재자가 더 지시적일 때 부모가 행동주의 양육 기술을 수행하는 데에 보다 저항적이라는 점을 밝힌 연구(Patterson & Forgatch, 1985)는 행동주의 중재자가 '강압적 순환'(Patterson, 1982)에 사로잡혀 있다는 것을 시사한다.

부모 코칭에 있어 성인 애착 인터뷰(AAI)에서 짜인 보여 주기와 말하기 간의 구분을 기억하는 것은 도움이 된다. 부모 코칭을 할 때 부모에게 보여 주는 것과 말하는 것이 동일해야 한다는 점이 중요하다. 예를 들면, 우리가 부모에게 아이에 대해서 긍정적이고 반응적이 되라고 말한다면, 우리가 그들에게 긍정적이고 반응적이 되어야 한다. 이것은 자녀에게 아직 긍정적 행동을 잘 나타내지 못하고 있는 부모에게 반응적이고 긍정적인 코칭을 하는 데 특별히 중요하다. 사실 나는 교육과정을 포기할 위험에 처해 있는 부모가 반응적이고 긍정적인 코칭을 경험하는 것이 훨씬 더 중요하다고 생각하는데(Fernandez & Eyberg, 2009), 그들은 긍정적이고 반응적인 관계를 아마도 많이 경험해 보지 않았을 가능성이 있다. 나는 코칭을 하는 동안 Pawl과 St. John(1998)의 '백금률', 즉 "상대가 네게 해 주기를 바라는 것처럼 너도 상대에게 그렇게 하라."는 말을 따르려고 노력한다.

아동주도 놀이 동안 부모 코칭 코딩을 위한 양식은 〈표 4-5〉에 나와 있다. 나의 코칭을 추적하는 것은 코칭하는 동안 부모에게 '보여 주는' 것이 내가 그들에게 '말하는' 것과 같은지를 평가함으로써 '행동주의 역전이'를 안내하는 데 도움이 된다. 나의 목표는 코칭 진술 가운데 적어도 80%가

〈표 4-5〉 아동주도 놀이 동안 부모 코칭 코딩

	계수 표시	빈도
긍정적이고 반응적인 다양한 코칭 진술		
아동의 행동 설명		
구체적인 긍정적 양육행동을 설명 또는 칭찬		
구체적인 긍정적 양육행동의 장기적인 영향에 대한 부모 교육		
아이에 대한 구체적인 긍정적 양육행동의 영향 관찰		
어려운 점을 인식하면서 지지/공감하는 진술하기		
긍정적 반응 진술 소계		
질문		
간접 명령		
직접 명령		
지시적 진술 소계		
비판		
진술 총계		
긍정적 반응 소계/진술 총계	(긍정적 반응 %)	
지시적 진술 소계/진술 총계	(지시적 %)	
비판/진술 총계	(비판 %)	
동시적 코칭	만족	연습이 필요

긍정적이고 반응적이 되는 것이다. 어떤 부모에게는 훨씬 높은 비율의 긍정적이고 반응적인 지도를 하는 것을 목표로 하는데, 그것은 자녀에게 지시적이고 비판적인 부모의 성향에 대응하기 위해서이다(〈표 4-6〉 참조).

〈표 4-6〉 아동주도 놀이 동안 부모 코칭의 정의와 예

다른 범주로 벗어나지 않는 긍정적이고 반응적인 코칭 진술
예, "멋져!" "아주 똑똑해." "새로운 헤어스타일이 정말 좋아."
아이의 행동 설명
부모가 긍정적 행동주의 양육 기술을 이용할 수 있는 행동 설명
예, "아이가 블록을 가지고 아주 얌전하게 있어요."
안전기지와 안전기지를 배경으로 하는 행동 사이의 균형 설명
예, "아이가 탐색하러 갔다가 지금 확인하러 돌아왔어요."
구체적인 긍정적 양육 행동을 설명 또는 칭찬
긍정적 행동주의 양육 기술을 설명 또는 칭찬
예, "멋진 행동주의 설명이에요."
애착 신호에 대한 부모의 반응을 설명 또는 칭찬
예, "아이가 부딪혔는데 당신이 아이를 진정시켜 줘서 기뻐요."
긍정적 양육의 장기적 효과에 대한 부모 교육
긍정적 행동주의 양육 기술이 차후 행동에 줄 수 있는 효과에 대한 부모 교육
예, "아이가 하는 것을 설명하는 것은 아이의 주의집중 기간에 도움이 돼요."
애착 또는 탐색 신호에 대한 반응이 차후 행동에 줄 수 있는 효과에 대한 부모 교육
예, "아이 스스로 하게 하면 자신감이 향상될 거예요."
부모에게 왜 무엇을 하라고 말했는지에 대한 부모 교육
예, "아이가 장난감을 거칠게 가지고 놀기 때문에 나는 당신이 놀이를 설명하길 원했어요."
구체적인 긍정적 양육 행동이 아이에게 미치는 영향 관찰
회기 중에 긍정적 행동주의 양육 기술이 아이에게 미치는 영향 관찰
예, "이전에 당신이 나누는 것에 대해서 칭찬했기 때문에 아이가 당신과 나눈 거예요."
회기 중 애착 신호에 대한 부모 반응의 영향 관찰

예, "아이가 당신에게 몸을 기댔고 당신이 머리를 쓰다듬어 주고 나니, 아이가 퍼즐을 다시 해 보려고 했어요."

어려움을 인식하는 지지/공감하는 진술하기

부모의 걱정을 인식하는 진술

예, "아이가 한계를 초월한다는 당신의 말을 이해해요." "당신은 아이의 행동을 다루는 것에 너무 바빠서 아이와 즐길 기회를 얻지 못하고 있어요."

회기 동안 어려운 순간을 인식하고 공감하는 진술

예, "아이가 당신에게 무례하게 말한 것을 듣는 게 정말 힘들다는 것을 알아요."

기술에 대한 부모의 어려움을 인식하는 진술

예, "질문을 하지 않는 것이 정말로 어렵다는 것을 알아요." "그의 노력을 설명하고 그것을 해결하기 위해 개입하지 않는 것이 정말로 어려워요."

질문들

행동주의 양육 기술 사용을 촉구하기

예, "'그만'이라고 말하는 대신에 뭐라고 할 수 있나요?"

전형적인 양육 반응 검토를 촉구하기

예, "아이가 탑의 색깔을 맞추지 않아도 괜찮을까요?"

애착 신호에 반응하기 위한 조언

예, "아이가 확인을 원한다고 생각하세요?"

간접 요구

부모가 행동주의 양육 기술을 사용하거나 또는 애착 신호에 반응하는 것을 제시하는 간접 요구

예, "가서 아이를 일으켜 세워야 해요. 아이가 머리를 부딪히고 우는데 그것을 무시하지 않았으면 좋겠어요."

직접 요구

부모가 행동주의 양육 기술을 사용하거나 애착 신호에 반응할 것을 말하는 직접 요구

예, "장난감을 들고 자신의 놀이를 설명하세요." "뒤로 물러나 앉고 아이가 놀이를 주도하게 하세요."

비판

아이에 대한 부모의 행동 또는 반응을 비판

예, "그 말은 거칠게 들렸어요." "아이를 비판하지 않는 것이 중요해요."

동시적 코칭

중재자와 부모는 편안한 리듬을 가진 것처럼 보인다. 불편함을 느낄 정도의 오랜 침묵도, 너무 많은 대화도 없다.

□ 부모주도 놀이 중 긍정적 강화인으로부터의 타임아 웃과 순종 훈련 코칭에 대한 애착중심 접근

건강한 부모-아동 애착을 위한 목표 지향적인 파트너십에 있어서 부모는 반드시 한계를 정해야 한다. Hanf의 모델로부터 발전되어 온 행동주의 부모 관리 접근법에서 중재의 두 번째 단계에서는 아이가 부모의 요구에 순종하는 것을 개선하기 위한 부모 전략을 가르치고 불순종과 공격에 대해서는 긍정적 강화인으로부터의 **타임아웃**을 사용하도록 가르친다. 부모와 어린아이 사이에 이루어지는 애착 관계는 계층적이다. 부모는 아이를 보호하기 위한 책임을 져야 하고, 이는 아동-부모 애착 관계가 발전해 온 주요 기능 가운데 하나이다. 안전서클을 개발한 연구자들이 간단명료하게 정리한 것처럼 부모는 '더 크고, 더 강하고, 더 현명하고, 친절해야' 한다(Powell et al., 2014).

순종 훈련과 타임아웃은 부모가 침착하고 권위 있는 태도로 책임지는 방법을 배우도록 돕는 전략이다. 부모주도 상호작용의 코칭은 부모의 지시를 따르는 아이의 수용력과 책임을 져야 하는 부모의 수용력을 키우는 기회를 제공한다. 순종 훈련과 타임아웃은 또한 아동주도 놀이에서 시작된 공동조절에 초점을 둔 것으로 볼 수 있다. 마치 아이가 약간 불만스러울 때 불만을 다루는 법을 더 쉽게 배울 수 있는 것처럼 아이는 부모의 기대가 분명하고 비교적 따르기 쉬울 때 지시 따르기를 더 잘 배운다.

나는 부모에게 이런 측면을 설명하기 위해 다음의 비유를 자주 사용한다. "만일 우리가 아이한데 지시를 **따르**도록 가르치는 것과 똑같은 방법으로 아이에게 읽는 것을 가르친다면 어떨까요?" "만일 아이와 선생님 모두 화가 날 때까지 기다렸다가 그들에게 책을 주고 읽도록 한다면 어떨까요? 이것은 지시를 따르는 데 어려움이 있거나 화가 났을 때 더 공격적이 되는 아이를 훈련하기 위해 부모와 교사가 자주 하는 방법입니다. 우리는 모두가 스트레스 받고 화가 날 때까지 기다렸다가 '그들을 가르치려고' 합니다. 훈련은 가르치는 것을 의미하는데, 일반적으로 화가 나 있을 때 배우거나 가르치는 것을 더 어려워합니다. 우리는 부모와 아이 모두가 침착한 상태일 때 지시 따르기와 타임아웃을 가르칠 것입니다. 이렇게 할 때 아이는 더 쉽게 배울 수 있고, 당신은 아이를 더 잘 도울 수 있습니다. 일단 아이가 지시 따르기를 좀 더 잘하게 되면 화나 있거나 공격적일 때에도 다른 전략을 쉽게 가르칠 수 있을 것입니다. 아이에게 읽는 것을 가르치기 위해 작은 단계로 나누는 것처럼 지시 따르기를 가르치는 것도 작은 단계로 나눌 것입니다. 읽기를 배우는 첫 단계는 A, B, C를 배우는 것이죠. 우리는 알파벳을 노래로 만들어서 아이가 더 재미있게 배우도록 합니다. 이와 비슷하게, 아이가 당신과 놀면서 간단한 놀이 요구를 따라야만 하는 놀이 상황에서 지시 따르기를 배우도록 할 것입니다." 나는 아이의 불순종과 공격성을 다루기 위해 타임아웃을 사용하는 것에 대해 부모와 얘기할 때, 부모가 가장 어려워하는 부모주도 놀이 기술이 어떤 것인지에 대해 물어보는데, 특히 "아이가 타임아웃 상황에서 뭐라고 말하는 것을 들을 때 가장 힘든가요?"라고 구체적으로 묻는다. 종종 이런 진술은 자신이 아이였을 때 양육받았던 경험이나 아이가 부모를 어떻게 인식하고 있는지와 관련된다.

　무시하기와 마찬가지로, 타임아웃을 초래하게 될 아이의 행동을 부모와 함께 토론하는 것은 중요하다. 우간다에서 진행된 Ainsworth의 초기 종단 연구(1967)는 안정 애착 관계에서 어떤 부모는 울화와 분노를 분명하게 구별하고, 이런 감정 표현에 대해 다르게 반응했다. 우간다 표본에서 대다수의 엄마는 아이가 울 때와 같은 방식으로 울화에 대해 반응했다. 예를 들면, 안정 애착 관계에서 엄마는 자녀가 울거나 화가 났을 때 보통 아이를 안아서 위로해 주었다. 하지만 어떤 엄마는 우는 것과 화가

난 것을 구별했다. 즉, 아기가 힘들어할 때는 안아서 달래 주었지만 울화는 무시했고, 때리는 것과 같은 분노를 표출한 공격적 행동에 대해서는 아이에게 벌을 주었다. 증거 기반 행동주의 양육 모델에서 타임아웃은 일반적으로 경고를 무시하고 집안 규율을 지키지 않는(일반적으로 공격성) 직접적인 요구의 불이행이 있을 때에만 주어진다.

부모가 '울화 행동' 또는 '통제 상실' 상황에서 무시나 타임아웃의 사용에 대해 질문을 하면, 나는 ① 울화 또는 통제 상실에 대한 행동 정의를 분명하게 하고, ② 울화 또는 통제 상실을 얼마나 자주 하는지, ③ 울화 또는 통제 상실이 얼마나 오래 지속되는지 알아보고, ④ 울화 또는 통제 상실의 선행 사건(변화 또는 거부당함)을 확인한다. 일반적으로 이러한 행동을 다루는 것에 있어 무시나 타임아웃보다 더 효과적인 전략을 확인할 수 있다.

한 가지 가능한 전략은 '타임인(time-ins)'으로, 부모가 자녀와 같이 앉아서 그들의 감정에 대해 말할 수 있도록 도와준다(Powell et al., 2014; Siegel & Bryson, 2014). 타임인은 타임아웃의 대안으로 종종 추천되는데(Siegel & Bryson, 2014), 아이는 화가 나 있지만 부모가 차분하게 아이의 감정을 표현하도록 도울 수 있을 때 유용하다. 하지만 불이행 또는 공격에 대해서는 타임인을 추천하지 않는다.

❏ 행동주의 부모주도 놀이 중 애착에 대한 통합 코멘트

목표 지향적 파트너십은 파트너 중 한 명이 유아이거나 취학전 아동일 때 어려움을 갖게 되는데, 스스로 결정을 하고 싶은 이들의 욕구가 부모의 현실적 관점과 갈등을 일으키는 것이다. 세 살 된 아이는 왜 아침에 사탕을 먹을 수 없고, 겨울에 짧은 옷을 입을 수 없고, 죽은 다람쥐를 갖고

〈표 4-7〉 침착하게 책임을 다하는 부모의 아이에 대한 긍정적 영향을 강화하는
        코칭 진술의 예

당신이 책임지고 있다고 믿을 때 아이는 세상을 더 안전하게 느낄 거예요.
당신을 기쁘게 해 주려고 아이가 지시를 따랐어요.
자신에게 무엇이 최선인지를 당신이 안다고 믿기 때문에 아이는 당신 말을 들어요.
아이는 장난감 정리를 모두 했어요. 이것이 당신에게 중요하다는 것을 알기 때문이에요.
당신은 지시 따르기가 아이에게 얼마나 어려운 것인지를 알지만 지시 따르기가 아이의 학교생활에 얼마나 많은 도움이 되는지도 알고 있죠.

놀면 안 되고, 자동차를 몰면 안 되는가? 부모는 아이의 안전과 건강한 발달을 위해 필요한 제한을 강요하지만, 아이의 요구에 공감하는 것에는 어려움을 겪는다. 행동주의 부모주도 놀이는 부모가 아이의 감정에 대한 공감은 유지하면서 침착하게 책임을 다하는 기회를 제공한다. 〈표 4-7〉에는 건강한 부모-자녀 관계의 이러한 측면을 강화하는 코칭 진술의 예가 제시되어 있다.

부모주도 놀이 코칭에 특별히 적용할 수 있는 안정 애착 파트너십의 또 다른 측면은 '분열과 회복' 개념이다(Beebe et al., 2010). 안정 애착 관계에서는 갈등과 분열 후에 상호작용을 바로잡으려고 노력할 것이라는 기대가 있다. 불안정 관계에서는 그런 기대가 없기 때문에, 그들을 두렵게 만드는 갈등에 대한 해결책이 없을 때가 있다. 부모주도 놀이가 이루어지는 동안, 부모와 아이는 아동주도 놀이에서 생긴 갈등을 '회복할' 기회를 가진다. 분열 후에 회복의 중요성을 강화하고 회복에 부모와 아이의 노력을 강조하는 지도의 예는 〈표 4-8〉에 나와 있다. 또한 부모주도 놀이 코칭의 중요한 원리를 요약한 양식은 〈표 4-9〉에 나와 있다.

〈표 4-8〉 분열 이후 회복을 강화하는 코칭의 예

아이가 지시를 따른 후에 당신이 바로 그의 주도를 따른 것은 정말 잘한 거예요.
아이가 사과한 것은 정말 멋져요. 아이는 당신의 그림을 찢은 것에 대해서 죄책감을 가지고 있어요.
타임아웃 후에 하는 아동주도 놀이는 아이를 진정시켜 주죠. 그것은 부모와 중재자도 진정시켜 주는 효과가 있어요.
타임아웃 후에 아동주도 놀이로 돌아가는 것은 서로의 관계를 회복시켜 줘요.

〈표 4-9〉 부모주도 놀이와 훈육에서의 부모 코칭 코딩

부모와 훈육 절차에 대한 자신감을 전달한다./침착하고 결단력 있는 태도	만족	연습이 필요
부모에게 훈육 절차의 다음 단계를 상기시킨다. (예, "5초만 기다리세요. 1초, 2초…… 이제 "만약 네가 ……하지 않으면"이라고 말하면서 경고하세요.")	만족	연습이 필요
부모에게 부모주도 놀이의 장기적 유익을 상기시킨다. (예, "아이가 지시 따르기를 배우게 되면 집이 더 조용할 거예요." "당신이 책임진다는 것을 알면 아이가 세상을 훨씬 더 안전하게 느낄 거예요.")	만족	연습이 필요
긍정적인 양육 기술에 대해 부모를 칭찬한다. (예, "직접 요구를 잘하셨어요." "5초간 기다린 것 잘하셨어요." "당신이 요구할 때 지적한 방식이 좋아요." "구분된 칭찬을 한 것 잘하셨어요." "정말 침착하게 잘하셨어요." "아이가 따를지 말지를 스스로 결정하게 한 것 정말 잘하셨어요.")	만족	연습이 필요
타임아웃 동안 말을 많이 함으로써 부모를 위한 지지와 기분전환을 제공한다.	만족	연습이 필요
초기 부모주도 놀이 회기에서 문제가 있는 요구에 대해 개입하여 수정한다. (예, 부모가 "건네줄래?"라고 말하면 중재자는 "'건네주세요'라고 말하세요."라고 개입한다.) 후반기 부모주도 놀이 회기에서 부모가 문제 있는 요구를 했을 때 알려 준다. (예, 부모가 "파란색 블록을 내게 줄래?"라고 말하면 중재자는 "그렇게 말하는 것은 간접 요구예요."라고 알려 준다.)	만족	연습이 필요

부모에게 아동주도 놀이와 관계 회복의 중요성을 상기시킨다. 타임아웃 후에 회복의 중요성을 알려 준다.		
(예, "아동주도 놀이는 지시 따르기와 같은 어려운 일을 한 후에 아이가 진정되도록 하는 데 아주 중요해요." "당신이 아이의 주도를 따르는 데 집중하고 타임아웃을 오래 하지 않아서 좋아요." "숙제를 한 다음에 놀이하는 리듬은 아이를 통제하는 데에 도움을 줘요.")	만족	연습이 필요

☐ 결론

부모 코칭을 위한 이론적 기초가 행동주의이든 애착이론이든, 코칭의 가장 중요한 측면 중 하나는 중재자의 입장에서 부모가 자녀에게 사용하기를 원하는 방법과 중재자 자신의 방법이 일치하는지의 여부이다. 부모 코칭에서는 애착의 안정성을 개선하는 것과 행동문제를 감소시키는 것의 두 가지를 목표로 삼는 것이 가능하다.

이어지는 네 장은 애착/애착 마음상태의 다른 유형을 부모 코칭에 적용하는 것에 대해 살펴보고자 한다. 행동주의 부모 코칭을 받는 가족을 보아 온 중재자라면 누구나 모든 가족과 자녀가 다르게 반응한다는 것을 알고 있다. 부모에게 이러한 다른 반응에 대해 생각하는 방법을 코치하고 그 코칭법을 부모에게 상세히 설명하는 것이 코칭의 목적이다. 애착 유형을 알게 되면 여러 가지 반응 가운데 어떤 부분은 더 예측할 수 있게 되고, 부모와 아이가 왜 다른 치료 단계에서 특정한 방식으로 반응하는지를 이해할 수 있게 된다. 애착 패턴을 아는 것의 또 다른 이점은 애착 패턴이 어떻게 발전해 왔는지에 대한 아이디어를 가질 수 있다는 점이다(예, 아이가 영아였을 때 아동-부모의 상호작용이 어땠을지, 그리고 애착에 관한 부모의 상태가 어땠을지). 이것은 특정 행동주의 전략을 수행하는 것이 부모에게 왜 어려운지를 알게 해 주기 때문에 부모와 아이의 관계에 대해 연민을 가지게 한다. 또한 부모의 심리상태에 맞추어 코칭하도록 도움을 준다. 부모의 애착 마음상태에 대한 코칭은 균형이다. 즉, 아이와 아이의 반응을 부모의 관점에서 볼 수 있어야 한다. 하지만 부모가 다르게 반응할 수 있도록 그들의 관점과 동일시하지 않도록 주의해야 한다.

나는 부모 코칭을 안내하기 위해서 애착 유형의 사용을 지지하지만, 이 접근법과 관련해서 잠재적 함정이 있다는 것 또한 알고 있다. 한 가지 잠재적 함정은 아이와 부모를 하나의 범주로 봄으로써 아동과 부모 애착의 독특한 측면을 간과하는 것이다. 관련된 또 다른 문제는 어려움을 겪고 있는 가족의 애착 유형을 확인하고 그들에 대한 부정적 생각을 가지게 되면서 연민과 공감을 덜 하게 된다는 것이다(예, "그런 부모는 아이를 너무 무시하기 때문에 아동주도 놀이를 절대 할 수 없을 것이다."). 이런 단점을 극복하기 위해 각 가정에서의 애착의 어려움을 어떻게 분류할 것인지에 대해 열린 마음을 유지하는 것이 중요하다. 중재자는 가족이 자신의 어려움을 탐색하도록 안전기지를 제공할 수 있는 동료, 감독자, 또는 치료사와 함께 어려움을 겪고 있는 가정의 유형을 반영하는 것이 중요하다.

참고문헌

Achenbach, T. R. (2000). *Manual for the ASEBA preschool forms & profiles.* Burlington: ASEBA.

Ainsworth, M. (1967). *Infancy in Uganda.* Baltimore: Johns Hopkins Press.

Barnett, M., Niec, L., & Acevedo-Polakovich, I. (2014). Assessing the key to effective coaching in parent-child interaction therapy: The therapist-parent interaction coding system. *Journal of Psychopathology and Behavioral Assessment, 36,* 211-223.

Beebe, B., Jaffe, J., Markese, S., Buck, K., Chen, H., Cohen, P. (2010). The origins of 12-month attachment: A microanalysis of 4-month mother-infant interaction. *Attachment & Human Development, 12*(1), 3-141.

Cassidy, J., Marvin, R., & the MacArthur Working Group on Attachment. (1992). *Attachment organization in preschool children: Procedures and coding guidelines* (4th ed.). Charlottesville: University of Virginia.

Eyberg, S. (2005). Parent-child interaction therapy: Basic coaching guidelines. University of Florida PCIT website: http://pcit.phhp.ufl.edu/.../web%20 Coaching%20in%20PCIT%20 May%202006.ppt. Accessed 2 Jan 2014.

Eyberg, S., & Funderburk, B. (2011). *Parent-child interaction therapy protocol.* Gainesville: PCIT International, Inc.

Eyberg, S., & Pincus, D. (1999). *Eyberg child behavior inventory and sutter-eyberg student behavior inventory-revised professional manual.* Lutz: Psychological Assessment Resources, Inc.

Eyberg, S., Nelson, M., Duke, M., & Boggs, S. (2005). Dyadic parent-child interaction coding system (DPICS) (3rd ed.). Accessed 17 Nov 2007.

Eyberg, S., Nelson, M., Ginn, N., Bhuiyan, N., & Boggs, S. (2013). *Dyadic parent-child interaction coding system (DPICS)* (4th ed.). Gainesville: PCIT International, Inc.

Fernandez, M., & Eyberg, S. (2009). Predicting treatment and follow-up attrition in parent-child interaction therapy. *Journal of Abnormal Child Psychology, 37,* 431-441.

Forehand, R., & McMahon, R. (1981). *Helping the noncompliant child: A clinician's guide to parent training.* New York: The Guilford Press.

Herschell, A., Capage, L., Bahl, A., & McNeil, C. (2008). The role of therapist communication style in Parent-Child Interaction Therapy. *Child & Family Behavior Therapy, 30*(1), 13-35.

Hoffman, K., Marvin, R., Cooper, G., & Powell, B. (2006). Changing toddlers' and preschoolers' attachment classifications: The circle of security intervention. *Journal of Consulting and Clinical Psychology, 74,* 1017-1026.

McMahon, C., & Forehand, R. (2003). *Helping the noncompliant child: family-based treatment for oppositional defiant disorder* (2nd ed.). New York: Guilford Press.

McNeil, C., & Hembree-Kigin, T. (2010). *Parent-child interaction therapy*

(2nd ed.). New York: Springer.

Main, M., & Goldwyn, R. (1998). *Adult attachment scoring and classification system*. Berkeley: University of California.

Oxford English Dictionary. (Ed.). (2014). Oxford: Oxford University Press.

Patterson, G. (1982). *Coercive family process*. Eugene: Castalia Publishing Company.

Patterson, G., & Forgatch, M. (1985). Therapist behavior as a determinant for client noncompliance: A paradox for the behavior modifier. *Journal of Consulting and Clinical Psychology, 53,* 846-851.

Pawl, J. H., & St. John, M. (1998). How you are is as important as what you do … in making a positive difference for infants, toddlers, and their families. *Zero to Three.*

Pembroke, G. (2014). *Reasons my kid is crying*. Atlanta: Three Rivers Press.

Powell, B., Cooper, G., Hoffman, K., & Marvin, R. (2014). *The circle of security intervention: enhancing attachment in early parent-child relationships.* New York: Guilford.

Siegel, D., & Bryson, T. (2014). 'Time-Outs' are hurting your child. *Time.* http://time.com/3404701/discipline-time-out-is-not-good/#3404701/ discipline-time-out-is-not-good/. Assessed 18 Oct 2014.

Smyke, A., Dumitrescu, A., & Zeanah, C. (2002). Attachment disturbances in young children. *I: The continuum of caretaking casualty, 41*(8), 972-982.

Steele, H., & Steele, M. (2008). *Clinical applications of the adult attachment interview*. New York: Guilford.

Sunderland, M. (2006). *The science of parenting*. London: DK Adult.

Urquiza, A., Zebell, N., McGrath, J., & Whitten, L. (2011). *Course of treatment manual for PCITTC*. Davis: University of California at Davis. http://pcit. ucdavis.edu.

van IJzendoorn, M., & Hubbard, F. (2000). Are infant crying and maternal responsiveness during the first year related to infant mother attachment at 15 months? *Attachment & Human Development, 2*(3), 371-391.

Werba, B., Eyberg, S., Boggs, S., & Algina, J. (2006). Predicting outcome in parent-child interaction therapy. *Behavior Modification, 30*(5), 618-646.

제5장

평범한 마술

> 비범한 것을 이해하기 위해 시작한 탐구는
> 평범함의 힘을 드러냈다.
> (Masten, 2001)

엘레나[1]는 세 살 된 딸 페니의 불순종적이고 논쟁적이며 화를 잘 내는 문제 때문에 자신과 딸을 위해 도움을 구했다. 초기 면담에서 엘레나는 몇 개월 전부터 딸의 행동에 변화가 있었다고 했다. 처음에 엘레나는 페니의 잘못된 행동과 불순종은 '끔찍한 세 가지'의 조합, 즉 새로운 도시로의 이사 및 여동생의 출생과 맞물린 것 때문이라 생각했다. 엘레나는 어느 날 페니가 벽에 낙서한 것을 보고 고함을 질렀다. 엘레나는 친한 친구에게 전화를 걸어 울면서 페니의 버릇없는 행동에 대한 자신의 반응이 걱정스럽다고 이야기했다. 그 친구도 아들과 비슷한 어려움이 있었다고 하면서, 아들과의 상호작용에 대해 전문가의 도움을 받았다고

---

1) 이 글은 안정/자율 마음상태의 부모와 아이의 안정 특성을 설명하기 위해 작성된 가상의 글이다.

말했다. 엘레나는 그날 밤 전문가의 도움을 받는 것에 대해 남편과 의견을 나누었다. 남편은 페니가 성장하면서 좋아질 것이라고 생각했지만 아내가 힘들어하는 것 같아서 아내의 결정을 따르기로 했다.

아동-부모 애착을 평가하기 위해 사용되는 수정된 낯선 상황 절차를 수행하기 위해 놀이방에 들어오자마자, 페니는 방에 있는 장난감을 탐색하기 시작했다. 엄마에게 장난감을 보여 주기 위해 가끔 멈추기도 했다. 페니는 특히 장난감 금전 등록기를 작동할 줄 아는 자신의 능력에 신나 했다. '식료품 가게에서 하는 것처럼' 어떻게 물건을 스캔할 수 있는지 엄마에게 기쁘게 보여 주었다. 엘레나에게 방에서 나가라는 신호가 주어지자, 그녀는 엄마가 화장실을 다녀올 동안 여기서 계속 놀고 있으라고 페니에게 말했다. 엘레나는 페니에게 나머지 식료품을 스캔해서 자기가 돌아오면 저녁 준비를 하자고 제안했다. 페니는 엄마가 돌아올 때까지 계속 스캔하면서 식료품을 정리했다. 엘레나가 돌아왔을 때 페니는 "안녕. 엄마. 저녁 준비해요."라고 말하면서 그녀를 맞이했다. 엘레나는 페니 옆에 앉았고 엘레나에게 다시 방에서 나오라는 신호가 있을 때까지 그들은 음식 만드는 놀이를 했다. 이번에는 페니가 엄마와 같이 갈 수 있냐고 물었다. 엘레나는 페니는 방에 있어야 한다고 말하고 방을 나갔다. 페니는 몇 초 동안 엄마가 그리운 듯 문을 쳐다보았다. 그러더니 가서 블록을 모아서 금전 등록기 옆에다 쌓고 블록을 스캔하기 시작했다. 분리 후에 엄마가 돌아왔을 때, 페니는 몇 초 동안 엄마를 무시했다. 엄마가 "지금은 블록을 스캔하고 있니?"라고 물었고 페니는 "네."라고 대답했다. 페니는 계속 블록을 스캔했다. 엄마가 앉아서 "얼마나 많은 블록을 원하니?"라고 물었다.

행동주의 평가의 아동주도 부분에서 페니와 엄마는 블록과 금전 등록기를 가지고 계속 놀았다. 분명히 두 사람 모두 함께 노는 것을 좋아했다. 엘레나가 "이런 블록이 집에도 있어야겠어."라고 말하자 페니가

"그리고 금전 등록기도요!"라고 대답했다. 부모주도 놀이로 전환되자 엘레나는 인형 집으로 이동해서 페니에게 와서 같이 놀자고 했다. 처음에 페니는 거부했지만 엘레나가 엄마 인형과 아기 인형을 가지고 서로 말하기 시작하자 마음이 바뀌었다. 엄마가 페니에게 이제 장난감을 정리할 시간이라고 말하자 페니는 기분이 변했다. 지정된 상자 안으로 몇 개의 블록을 성의 없이 던져 넣은 후, 페니는 정리하는 것에 대해 엄마에게 "너무 슬퍼요."라고 말하면서 블록 정리를 거부했다.

❑ 안정 애착과 안정/자율 마음상태의 개요

안정 애착의 특징은 애착 요구에 대한 분명한 소통과 자기의존 및 타인 의존 사이의 균형이다. Anne Masten은 회복력과 관계된 요소를 '평범한 마술'로 설명한다(Masten, 2001). 회복력과 관계된 몇 안 되는 요소 중 하나는 안정 애착이다. 평범한 마술은 안정 애착을 이르는 말로서, 애착이 안정적으로 형성된 관계를 평가해 보면 지극히 평범해 보인다. '마술'은 자기조절, 자신감 그리고 감정적 지능에 들어 있는데, 이것은 탐색과 애착 모두의 기회를 제공해 주는 일상 경험의 풍부함에서 나온다.

앞에 기술된 관계(엘레나와 페니)에는 안정 애착과 **안정/자율 마음상태** 간에 일치하는 많은 특징이 있다. 부정적 감정까지 포함하여 이 관계에서 나타난 감정적인 공유와 분명한 의사 전달은 안정 애착과 일치한다. 다른 암시는 혼자서 방을 탐색하는 것과 엄마로부터 안심을 구하는 것 사이에서 나타난 페니의 균형이다. 엘레나는 안정/자율 마음상태로 딸과의 관계를 소중하게 생각하고 그들의 상호작용에서 나타난 갈등 속에서 자신의 역할을 인식하고 있다. 어려움이 있을 때 다른 사람에게 도움을 구하는 엘레나의 자발성은 안정/자율 상태를 가진 개인의 특징이다.

□ 안정 애착의 특징

연구 기반 관찰 평가(취학전 아동을 위한 낯선 상황 절차와 수정된 낯선 상황 절차)에서 안정 애착 관계의 특징은 〈표 5-1〉과 〈표 5-2〉에 요약되어 있다. 안정 애착 영아(12~18개월)는 부모와 떨어졌을 때에 종종 고통스러워한다. 분리 시간 동안 고통스러웠는지와 상관없이, 안정 애착 영아는 짧은 분리 후 부모가 돌아오면 부모와의 접촉을 추구할 것이다. 아이가 고통스러웠다면 부모가 돌아왔을 때 재빨리 진정되고 바로 탐색으로 돌아간다. 영아기부터 유아기까지 인지와 구어 기술이 상당히 발달하는데,

〈표 5-1〉 낯선 상황 절차에서 안정 애착 영아-부모의 특징

안정(B)	아기는 양육자와 분리되어 있는 동안 고통스러울 수 있다. 아기가 고통스러워한다면, 재회 동안 부모와의 접촉을 구하고 부모에 의해 쉽게 진정된다. 분리 후에 약간 저항하거나 회피하기도 하면서 아기는 부모와의 상호작용을 적극적으로 구한다. 이어지는 분리 후에 웃거나 울면서 또는 다가오면서 부모가 돌아올 것을 분명하게 인식한다. 분리 전과 부모가 돌아온 후에 수준 높은 탐색과 놀이를 보인다.
B1	아기는 분리 시간 동안 약간 또는 전혀 고통스럽지 않다. 부모가 돌아오자 인사하고 상호작용을 구하지만 신체적 접촉은 하지 않는다.
B2	아기는 분리 시간 동안 약간 또는 전혀 고통스럽지 않다. 부모가 돌아오자 인사한다. 첫 번째 분리 후에는 부모를 잠시 피하기도 하지만, 두 번째 분리 후에는 부모와의 접촉을 추구한다.
B3	아기는 분리 시간 동안 고통스러워한다. 분리 후에 부모와의 접촉을 적극적으로 추구하고 자신이 준비되기 전에 떨어뜨려 놓으려는 시도에 저항하면서 접촉 상태를 유지할 것이다. 주어진 고통의 수준을 볼 때, 부모가 돌아온 후 빠른 회복이 눈에 띈다.
B4	아기는 분리 시간 동안 눈에 띄게 고통스러워한다. 특히 두 번째 분리 시간 동안 아주 고통스러워 보인다. 약간의 복합적인 감정의 흔적이 있지만 아기는 분명히 부모와의 접촉을 유지하는 것을 추구한다.

출처: Ainsworth et al. (1978).

이것은 안정 애착을 형성하고 있는 취학전 아동(2.5~4.5세)이 분리와 재회에 어떻게 반응하는지에 영향을 미친다. 안정 애착을 형성한 취학전 아동은 부모에게 가지 말라고 협상하거나 부모가 떠나 있는 동안 말없이 탐색과 놀이를 할 수 있지만 눈에 띄는 고통을 거의 나타내지 않는다. 부모가 돌아왔을 때 나타나는 안정 애착 아동의 반응은 안정 애착 영아가 재회 때 보여 주는 반응보다 덜 감격적이다. 안정 애착 아동과 부모의 상호

〈표 5-2〉 취학전 아동을 위한 수정된 분리-재회 절차에서 안정 애착 아동-부모의 특징

안정(B)	아이는 부모와의 상호작용에 관심이 있다. 분리 시간 동안에 과도한 울음은 거의 보이진 않지만, 말없이 탐색하거나 부모를 찾을 수 있다. 분리 시간 동안 고통스러움을 나타내지 않는다. 부모가 돌아올 때까지 놀이를 계속한다. 부모가 돌아왔을 때 안도의 기쁨을 나타낸다. 부모가 돌아오고 나서 분리 이전에 중단된 지점에서 다시 상호작용을 시작한다.
안정-보류(B1)	아이는 분리 후 처음에는 약간의 회피 또는 보류하는 모습을 나타낸다. 하지만 비교적 짧은 시간 후에(1분 내외) 부모와 행복하고 친밀한 상호작용을 나타낸다.
매우 안정(B3)	아이는 분명하게 부모와의 상호작용을 좋아한다. 상호작용은 회피, 주저함, 혼란, 행동 제어가 거의 없이 차분하고 편안하게 나타난다.
안정-의존(B4)	아이는 분리 후 처음에는 일반적으로 안정적 행동 상황에서 상처받은 감정과 불쾌함을 전달하면서 약간 삐쭉거리거나 미성숙한 행동을 나타낸다.
안정-거침없음(B4)	아이는 부모와의 상호작용에 있어 자신감 있고 적극적이다. 그들의 관계와 스스로 선택할 수 있는 능력 둘 다를 강조하면서 부모에게 과시하고 싶어 한다.
안정-통제(B4)	부모에 대한 아이의 상호작용은 부모를 통제하려는 한두 가지가 있기는 하지만 일반적으로 안정적이다.
안정-기타(B 기타)	아이는 부모를 안전기지와 은신처로 사용하는 것이 분명하지만 특정 하위집단으로 분명하게 분류되지 않는다.

출처: Cassidy & Marvin (1992).

작용은 분리 이전과 이후에 모두 침착하고 편안한 상호작용의 즐거움을
보인다.

□ 안정 애착의 비율

초기 중재자들이 부모-아동 상호작용 개선에서 강조한 바와 같이 관
계 속에서 작동하지 않는 것에 초점을 맞추게 된다. 대부분의 아이는 적
어도 부모 한 명과는 안정 애착 관계를 가지고 있고(지역사회 표본의 54~
78%; Greenberg et al., 1991; Kochanska & Kim, 2013; Leigh et al., 2004; Moss
et al., 2004; Speltz et al., 1990, 1991; Troutman et al., 2010; van Ijzendoorn
et al., 1999), 40%의 아이는 부모 모두와 안정 애착을 형성하고 있다
(Kochanska & Kim, 2013)는 점을 유념해야 한다.

안정 애착이 보호 요인이기는 하지만, 파괴적 행동장애의 기준에 해당
될 정도로 심각한 갈등을 가지는 부모-아동 관계의 갈등을 해결해 주는 것
은 아니다. 임상 표본의 안정 애착 비율이 지역사회 표본의 비율보다 더 낮
지만, 임상 서비스를 받는 관계의 1/5~1/3은 안정 애착을 형성하고 있다
(Cohen et al., 1999; Greenberg et al., 1991; Speltz et al., 1991, 1995). 아이가 신
체적 학대나 방임 또는 성적 학대를 당한 가정에서는 안정 애착 비율이 가
장 낮게 나타난다(3~25%; Cicchetti et al., 2006; Moss et al., 2011).

□ 안정 애착과 관련된 양육 행동

제2장에서 언급했듯이 안정 애착의 발달과 관계 있는 양육 행동은 애
착 신호에 대한 민감한 반응성(특히 고통스러운 신호), 탐색에 대한 지지,

감정적 조율, 아이에 대해 기뻐함, 특히 고통에 대해 반응하는 신체적 접촉 등이다.

□ 안정/자율 마음상태

안정 애착과 관계된 부모의 애착 마음상태는 안정/자율이다. 안정/자율 마음상태를 가진 개인은 자신의 어린 시절 이야기를 새로운 방식으로 이야기한다. 즉, 말을 신중하게 선택하는 것처럼 보이는데, 이것은 애착 관계와 경험을 소중하게 여긴다는 것을 나타낸다. 어린 시절에 사랑받았는지 혹은 힘들었는지에 상관없이, 설명은 내적으로 일관성을 가진다. 성인 애착 인터뷰(Adult Attachment Interview: AAI) 결과의 특징은 〈표 5-3〉에 나와 있다.

지역사회 청소년과 성인 표본의 대략 반 정도(48~59%)가 성인 애착 인터뷰(AAI)에서 안정/자율 마음상태를 보였는데 이 비율은 유아 안정 애착 비율과 유사하다(Booth-LaForce & Roisman, 2014; Caspers et al., 2007; Van Ijzendoorn, 1995; Van Ijzendoorn & Bakermans-Kranenburg, 2008). 비슷한 비율의 안정/자율 마음상태(47~57%)가 애착 기반 가정 방문 중재 연구에 참여한 낮은 수입을 가진 엄마에게도 나타났다(Korfmacher et al., 1997). 안정 영아-부모 애착을 가진 부모 중 대부분(73%)은 안정/자율 애착 마음상태로 분류된다(Van Ijzendoom, 1995). 안정/자율 애착의 비율은 아이의 품행문제에 대한 중재를 구하는 엄마(22%; Routh et al., 1995)와 심리지료 연구에 참여한 환자 사이에서 더 낮았다(5~30%; Levy et al., 2006; Stovall-McClough & Coitre, 2003; Talia et al., 2014).

〈표 5-3〉 성인 애착 인터뷰(AAI)에서 안정/자율 애착 마음상태의 특징

안정/자율(F)	애착 관계와 경험을 소중하게 여긴다. 구체적인 기억을 통해 부모와의 관계에 대한 일반화된 설명(의미론적 수준에서)을 한다. 성인은 유아기 동안의 부모 회상을 사랑으로 묘사하거나 부모의 애정 어린 행동이 부족했던 것을 회상하면서 분노의 선입견이나 이상화 없이 표현한다(획득된 안전).
어긋난 애착(F1)	가볍고 점검되지 않은 부모의 지지 또는 양육의 부정적 측면을 생각하지 않겠다는 의식적인 결정을 보인다.
이탈(F2)	F3과 비슷하지만, 기억 부족이나 부모에 대한 이상화로 양육에 대한 긍정적 진술을 지지하기 어려움과 같은 약간의 무심함을 보인다. 애착에 대한 전반적인 가치와 혼합된 부모에 대한 가벼운 비하를 표현할 수도 있다.
매우 안정(F3)	특정 기억으로 의미론적 수준에서 양육을 설명한다. 설명은 생생하고 조리가 있으며 어린 시절의 경험이 수월했는지, 어려웠는지의 여부가 포함된다.
다소 몰두(F4)	지지적인 어린 시절에 대해 다소 감성적이거나 조금 충격적인 경험 때문에 약간 혼란스러움을 보인다.
다소 분개/갈등 (F5)	문제가 있는 양육에 다소 몰두해 있지만 유머를 동반한 분노를 보인다. 결함이 있는 관계를 수용한다.

출처: Main & Goldwin (1998).

❑ 안정/자율 마음상태에 관한 연구

아기 울음에 대한 행동과 신경 반응을 관찰한 소규모 연구에서는 안정/자율 마음상태를 가진 여성이 아기 울음소리를 들었을 때 자기공명영상(MRI) 작동에 있어서 (무시하고, 몰두하고, 미해결된) 불안정한 상태를 가진 여성보다 편도체 과잉활동이 더 낮게 나타났다(Riem et al., 2012). 이것은 아기 울음이 안정/자율 마음상태의 여성에게는 불안을 덜 일으키고 혐오적이지 않다는 것을 암시한다. 안정/자율 마음상태를 가진 여성은

아기 울음에 덜 민감하고, 악력계로 측정했을 때 과도한 힘으로 반응하는 것도 더 낮은 것으로 나타났다(Riem et al., 2012). 아기의 고통에 반응하는 엄마의 생리학적 측정 결과도 울음소리가 안정/자율 마음상태를 가진 엄마에게 덜 혐오적이라는 것을 밝혔다(Ablow et al., 2013).

애착 기반 양육 중재자에 의하면 안정/자율 마음상태를 가진 엄마는 불안정한(무시하거나 미해결된) 마음상태를 가진 엄마보다 애착 기반 양육 중재에 정서적으로 더 전념하는 것으로 나타났다(중재자는 엄마의 마음상태에 대한 정보를 모르는 상태였음; Korfmacher et al., 1997). 중재의 목표와 일치하게, 안정/자율 마음상태의 엄마는 양육 과제(69%)에 도움을 구했으나, 위기 중재(3%)를 찾는 경우는 거의 나타나지 않았다(Korfmacher et al., 1997). 심리치료 회기의 행동주의 관찰에서도 안정/자율 마음상태를 가진 개인은 불안정한 마음상태를 가진 개인보다 고통을 표현하고 도움을 요청하며 감사를 표현할 가능성이 더 크다는 것이 밝혀졌다(Talia et al., 2014).

❑ 임상 관찰과 추천

몰두나 비지향, 또는 과거 관계의 중요성에 대한 거부 등에 방해받지 않는 안정/자율 마음상태를 가진 부모는 행동주의 부모-아동 중재를 위한 좋은 후보자로 간주된다. 이는 그들이 현재 관계에 중요한 '지금 여기' 기술을 더 잘 배우고 사용할 수 있기 때문이다(Greenberg et al., 1991). 안정/자율 마음상태를 가진 부모를 고칭하는 것은 나들을 보는 것과 같은 즐거움이다. 나는 이러한 부모가 '심리적으로 튼튼하다'는 것을 안다. 그들은 아이의 행동을 다루기 위한 새로운 방법을 배우는 데 열려 있고, 아이와의 부정적 상호작용에 자신이 어떻게 원인 제공을 했는지 쉽게 깨달는다. 그들은 과거의 '잘못된' 양육에 대해 자신을 용서할 줄 알고, 과도한 죄책감이나 비난 없이 그들의 양육법을 변화시킬 수 있다. 이러한 개방성 때문에 안정/자율 마음상태를 가진 부모에게는 저항에 부딪히지 않고 정확한 피드백을 주는 것이 가능하다. 하지만 안정적으로 애착된 관계에 있는 부모는 아이에게 덜 비판적이기 때문에 앞에서 언급한 정적 강화 사이클에 빠지기도 훨씬 더 쉽다.

아이가 적어도 부모 한 명과 안정 애착을 형성하고 있는 관계에서는 부모 모두를 좋게 생각해 주는 경향이 있다. 아이와 상호작용 패턴을 바꾸려는 부모의 노력에 대해 약간의 저항이 있을 수도 있지만 그것에 집착하지는 않는다.

나의 임상 경험에서 행동주의 아동주도 놀이에 대한 긍정적인 반응은 종종 안정 애착 관계에서 놀라울 정도로 빨리 일어나는데, 그것은 행동주의 원리만을 근거로 설명할 수 있는 것보다 훨씬 더 빠른 것 같다. 나는 그것이 안정 기폭제라고 알려진 현상과 함께 어떤 작용을 할 수 있다고 생각한다(Mikulincer & Shaver, 2001). 실험적 조작을 이용하여 애착 형태의 가능성을 제안하는 성인 관련 연구물이 많이 있다(예, 신생아를 안고 있는 엄마를 그린 피카소는 애착 형태에 대한 이미지를 안내했다). 이 연구 문헌은 간단한 안정 기폭 조작이 분위기, 친사회적 감정 그리고 친사회적 행동에 긍정적인 효과가 있다는 것을 보여 준다(Cassidy & Shaver, 2008). 안정/자율 마음상태를 가진 성인에게 자녀와 5분의 귀중한 시간을 보내는 것보다 더 나은 안정 기폭 기술이 무엇일까? 나는 아이와의 긍정적인 상호관계가 양육자와 함께한 부모의 긍정적인 경험을 떠올리게 해 주고, 부모의 양육 시스템을 활발하게 하며, 부모가 아이를 소중하게 여기는 것을 기억하도록 돕는다고 생각한다.

기폭 효과는 18개월 미만의 아이에게도 발견된다(Over & Carpenter, 2009). 이 연구에서는 아이에게 여러 명이 함께 있는 합동 사진과 독사진을 보여 주었다. 합동 사진을 본 아이는 중립적 사진이나 독사진을 본 아이보다 3배나 더 자발적으로 성인을 도와주었다. 양육자와 안정 애착 관계에 있는 아이의 경우, 하루 중 5분 동안만 양육자가 자신의 주도를 따르는 시간을 가진다면 그것이 아이의 친사회적 행동을 촉진하고 자신의 양육자를 기쁘게 하고 싶은 동기로 작용할 것이다.

안정/자율 마음상태의 부모는 타임아웃 동안 아이의 애착 신호를 무시하는 것에 대해 걱정을 한다. 부모는 아이가 고통을 표시하는 것에 민감하다. 예를 들면, 우는 것은 아이의 고통으로 생각하고, "엄마 사랑해요." 또는 "안아 주세요."라고 말하는 것은 긍정적 애착 신호라고 생각한다. 이런 것은 종종 중재자에게도 가장 어려운 부분이다. 이런 어려운 훈련의 순간을 지나가며 부모를 코칭할 때, 아이와 부모가 경험하는 진짜 고통을 인식하는 것이 중요하다. 고통스러운 순간에 부모가 아이에게 공감할 수 있도록 돕기 위해서 우리가 부모의 고통스러운 문제에 공감하는 것이 중요하다. 아이의 말을 꾸며낸 것으로 무시해 버리거나 타임아웃을 당하게 만든 아이의 행동과 선택에 초점을 맞추는 것이 어려울지라도, 아이가 경험하고 있는 진정한 고통을 인정하는 것은 더 도움이 된다. 하지만 아이가 지시를 따르고 극한의 시간을 받아들이는 것을 배웠을 때 가지게 될 장기적인 긍정적 결과를 부모에게 상기시키는 것 또한 중요하다. 아이가 타임아웃을 끝내고 부모와의 긍정적 상호작용으로 돌아왔을 때, 코치는 부모가 아이의 능력을 차분하게 보고 긍정적 상호작용으로 돌아갈 수 있도록 도와야 한다.

❏ 결론

부모 코칭은 안정 애착과 안정/자율 마음상태를 가진 관계 안에서 발생하는 갈등과 파괴적 행동을 줄이는 데 대단히 효과적이다. 건강한 행동 유형을 강화함으로써, 아동주도 놀이는 부모와 아이가 건강한 기초를 형성하도록 도움을 준다. 그들이 더 즐거운 관계를 발전시켜 가면서 갈등과 부정적 상호작용은 흔히 줄어들게 된다. 부모주도 놀이와 훈육은 부모에게 아이의 수행 능력을 증가시키고 행동문제를 다룰 수 있는 도구를 제공한다. 이것은 부모와 아이 사이의 갈등을 줄이고 아이와 함께 어려운 상황을 다루는 부모의 능력을 증가시키는 데 도움이 된다.

참고문헌

Ablow, J., Marks, A., Feldman, S., & Huffman, L. (2013). Associations between first-tie expectant women's representations of attachment and their physiological reactivity to infant cry. *Child Development, 84,* 1373-1391.

Ainsworth, M., Blehar, M., Waters, E., & Wall, S. (1978). *Patterns of attachment: A psychological study of the strange situation.* Hillsdale: Erlbaum.

Booth-LaForce, C., & Roisman, G. (2014). The adult attachment interview: Psychometrics, stability and change from infancy, and develpmental origins. *Monographs of the Society for Research in Child Development, 79*(3), 1-185.

Caspers, K., Yucuis, R., Troutman, B., Arndt, S., & Langbehn, D. (2007). A sibling adoption study of adult attachment: The influence of shared environment on attachment state of mind. *Attachment & Human Development, 9*(4), 375-391.

Cassidy, J., & Marvin, R. (1992). *Attachment organization in three and four year olds: Procedures and coding manual.* Charlottesville: University of Virginia.

Cassidy, J., & Shaver, P. (Eds.). (2008). *Handbook of attachment* (2nd ed.).

New York: Guilford Press.

Cicchetti, D., Rogosch, F., & Toth, S. (2006). Fostering secure attachment in infants in maltreating families through preventive interventions. *Development and Psychopathology, 18,* 623-649.

Cohen, N., Muir, E., Lojkasek, M., Muir, R., Parker, C., Barwick, M., & Brown, M. (1999). Watch, wait and wonder: Testing the effectiveness of a new approahc to mother-infant psychotherapy. *Infant Mental Health Journal, 20,* 429-451.

Greenberg, M., Speltz, M., DeKlyen, M., & Endriga, M. (1991). Attachment security in preschoolers with and without externalizing behavior problems: A replication. *Development and Psychopathology, 3,* 413-430.

Kochanska, G., & Kim, S. (2013). Early attachment organization with both parents and future behavior problems: From infancy to middle childhood. *Child Development, 84*(1), 283-296.

Korfmacher, J., Adam, E., Ogawa, J., & Egeland, B. (1997). Adult attachment: Implications for the therapeutic process in a home visitation intervention. *Applied Developmental Science, 1*(1), 43-52.

Leigh, I., Brice, P., & Meadow-Orlans, K. (2004). Attachment in deaf mothers and their children. *Journal of Deaf Studies and Deaf Education, 9*(2), 176-188.

Levy, K., Meehan, K., Kelly, K., Reynoso, J., Weber, M., Clarkin, J., & Kernberg, O. (2006). Change in attachment patterns and reflective function in a randomized control trial of transference-focused psychotherapy for borderline personality disorder. *Journal of Consulting and Clinical Psychology, 74*(6), 1027-1040.

Main, M., & Goldwyn, R. (1998). *Adult attachment scoring and classification system.* Berkeley: University of California.

Masten, A. (2001). Ordinary magic. Resilience processes in development. *American Psychologist, 56*(3), 227-238.

Mikulincer, M., & Shaver, P. (2001). Attachment theory and intergroup bias: Evidence that priming the secure base schema attenuates negative reactions to out-groups. *Journal of Personality and Social Psychology, 81,* 97-115.

Moss, E., Cyr, C., & Dubois-Comtois, K. (2004). Attachment at early school age and developmental risk: Examining family contexts and behavior problems of controlling-caregiving, controlling-punitive, and behaviorally disorganized children. *Developmental Psychology, 40*(4), 519-532.

Moss, E., Dubois-Comtois, K., Cyr, C., St-Laurent, D., & Bernier, A. (2011). Efficacy of a homevisiting intervention aimed at improving maternal sensitivity, child attachment, and behavioral outcomes for maltreated children: A randomized control trial. *Development and Psychopathology, 23,* 195-210.

Over, H., & Carpenter, M. (2009). Eighteenth-month-old infants show increased helping following priming with affiliation. *Psychological Science, 20*(10), 1189-1193.

Riem, M., Bakermans-Kranenburg, M., van Ijzendoorn, M., Out, D., & Rombouts, S. (2012). Attachment in the brain: adult attachment representations predict amygdala and behavioral responses to infant crying. *Attachment & Human Development, 14*(6), 533-551.

Routh, C., Hill, J., Steele, H., Elliott, C., & Dewey, M. (1995). Maternal attachment status, psychosocial stressors and problem behaviour: Follow-up after parent training courses for conduct disorder. *Journal of Child Psychology and Psychiatry, 36*(7), 1179-1198.

Speltz, M., Greenberg, M., & DeKlyen, M. (1990). Attachment in preschoolers with disruptive behavior: A comparison of clinic-referred and nonproblem children. *Development and Psychopathology, 2,* 31-46.

Speltz, M., DeKlyen, M., Greenberg, M., & Dryden, M. (1995). Clinic referral for oppositional defiant disorder: Relative significance of attachment and behavioral variables. *Journal of Abnormal Child Psychology, 23*(4), 487-507.

Speltz, M., DeKlyen, M., & Greenberg, M. (1999). Attachment in boys with early onset conduct problems. *Development and Psychopathology, 11,* 269-285.

Stovall-McClough, K., & Cloitre, M. (2003). Reorganization of unresolved childhood traumatic memories following exposure therapy. *Annals of the New York Academy of Sciences, 2008,* 297-299.

Talia, A., Daniel, S., Miller-Bottome, M., Brambilla, D., Miccoli, D., Safran, J., & Lingiardi, V. (2014). AAI predicts patients' in-session interpersonal behavior and discourse: A "move to the level of the relation" for attachment-informed psychotherapy research. *Attachment & Human Development, 16*(2), 192-209.

Troutman, B., Arndt, S., Caspers, K., & Yucuis, R. (2010). *Infant negative emotionality moderates the association between quantity of nonfamilial day care and infant-mother attachment.* Paper presented at the scientific proceedings of the American academy of child & adolescent psychiatry's 57th annual meeting, New York.

Van Ijzendoorn, M. (1995). Adult attachment representations, parental responsiveness, and infant attachment: A meta-analysis on the predictive validity of the adult attachment interview. *Psychological Bulletin, 117*(3), 387-403.

van IJzendoorn, M., & Bakermans-Kranenburg, M. (2008). The distribution of adult attachment representations in clinical groups: A meta-analytic search for patterns of attachment in 105 AAI studies. In H. Steele & M. Steele (Eds.), *Clinical applications of the adult attachment interview.* New York: Guilford Press.

van Ijzendoorn, M., Schuengel, C., & Bakermans-Kranenberg, M. (1999). Disorganized attachment in early childhood: Meta-analysis of precursors, concomitants, and sequelae. *Development and Psychopathology, 11*, 225-249.

제6장

엄마와 함께 살 수도,
엄마 없이 살 수도 없어요

당신이 다가오면 나는 떠나 버려요. 내가 떠나 버리면 당신은 다가와요. ……
내가 어디로 가든 그곳이 당신과 관계가 있다면 나는 편안할 수 없어요.
(Beebe et al., 2010)

세 살 된 제니는 최근 소아과 정기 방문 후에 의사에 의해 의뢰되
었다.[1] 의사의 주된 관심은 제니의 분리불안, 저항 행동, 공격성이었
다. 제니의 공격성은 주로 엄마를 향했다. 제니는 일주일에 두 번 오전
에 유치원에 갔다. 초기 면담 동안 제니의 엄마 칼리는 제니가 엄마와
의 분리를 너무 힘들어해서 유치원에 보내지 않는 것을 고려하는 중이
라고 했다. 칼리는 제니가 '너무 감당이 안 되고' '말을 듣지 않기' 때문
에 보다 효과적으로 훈육할 수 있는 기술을 배우고 싶다고 했다. 칼리
는 울면서 자신의 엄마를 냉혹한 훈육사였다고 떠올리며 자신은 제니
에게 그렇게 하고 싶지 않다고 했다. 그녀의 양육 지원에 관해 물었을

---

1) 이 글은 양가성/저항 부모-아동 관계와 몰두 마음상태의 부모 특성을 설명하기 위해 작성
된 가상의 글이다.

때, 칼리는 엄마가 가장 좋은 친구라고 하면서 엄마와 매일 얘기한다고 했다. 칼리는 이혼한 상태였고, 그래서 제니는 격주로 주말에 아빠와 시간을 보냈다. 칼리는 전남편에게 화가 나 있었고 제니가 아빠에게서 돌아올 때는 '정서적으로 혼란스럽다고' 설명했다.

엄마와 놀이방에 들어오자, 제니는 엄마의 팔을 잡아당기면서 같이 놀자고 칭얼거리기 시작했다. 엄마가 제니와 함께 놀려고 바닥에 앉았고, 제니는 블록으로 탑을 만들기 시작했다. 탑이 무너지자 제니는 "나는 못해."라고 칭얼거리면서 엄마에게 탑을 만들어 달라고 했다. 제니의 엄마에게 방에서 나오라는 신호가 왔을 때, 칼리는 일어나서 제니에게 방을 나갈 것이라고 말했다. 제니가 왜 나가야 하냐고 물었고, 엄마는 "선생님이 내게 나가라고 했으니까."라고 대답했다. 왜 엄마와 같이 갈 수 없냐고 묻는 제니와 엄마 사이에 긴 대화가 이어졌다. 엄마가 방에서 나간 후에 제니는 문 앞에 서서 울었다. 제니의 고통 때문에 엄마는 30초 후에 다시 방으로 돌아왔다. 엄마가 방에 들어오자 제니는 화를 내면서 왜 자기 혼자만 남겨 두고 갔느냐고 캐물었다. 엄마는 설명하려고 했지만 제니는 엄마에게 소리를 지르고 엄마를 때리면서 점점 더 화를 냈다. 두 번째 분리 신호가 와서 엄마가 방에서 나가려고 하자, 제니는 엄마에게 매달렸다. 제니는 두 번째 분리 시간 동안 다시 울면서 문 앞에 서 있었다. 엄마가 돌아왔을 때, 그녀는 즉시 엄마에게 따지기 시작했다. 그들은 재회 시간 내내 계속 언쟁을 했고, 제니는 장난감을 탐색하러 가지 않았다.

아동주도 놀이와 부모주도 놀이를 관찰하는 동안, 엄마가 질문과 간접 요구를 하면서 제니를 놀이로 유도하려고 할수록 제니는 점점 더 불만스러워하고 칭얼거렸다. 엄마가 제니에게 장난감을 정리하길 원하는지 망설이며 물었을 때, 제니는 엄마도 장난감을 갖고 놀았는데 자기가 정리하는 것에 대해 "공평하지 못해."라면서 울음을 터트렸다.

□ 양가성/저항 애착과 몰두 마음상태의 개요

양가성/저항 애착은 부모가 없을 때 고통스러워하고 부모가 있어도 안정할 수 없는 상태가 결합된 것이 특징이다. 양가성이라는 단어는 엄마가 떠나면 분리로 인해 고통스러워하지만 엄마가 돌아와도 안정되지 않는 상태인 명백한 모순을 드러내는 의미가 있다. 저항이라는 단어(엄마를 밀거나 때리는 것과 같은 적극적 반항 또는 진정되지 않는 것과 같은 수동적 반항)는 엄마와의 접촉에 저항하는 아이를 지칭하는 용어이다. 이런 관계에 있는 아이는 엄마와 떨어지지 않으려고 하고 제한된 탐색과 함께 애착 관계에 매우 집중한다. 이것은 애착체계의 과잉행동으로 표현된다.

표출되는 문제는 보통 분리불안과 파괴적 행동이다. 부모를 향해서 직접적으로 가해지는 공격성도 있다. 아동주도 놀이가 이루어지는 동안에는 '추적과 후퇴' 패턴이 나타나는데, 부모는 아이를 유도해서 함께 놀기 위해 노력하지만 아이는 부모의 주도로부터 물러나는 것이다. 이런 관계에 있는 아이는 등을 쓰다듬어 주거나 안아 주는 등의 부모의 신체적 접촉도 거부할 수 있다. 부모의 관점에서는 엄마가 아이에게 계속 거절당하는데, 그렇기 때문에 아이를 계속 따라가게 된다. 아이의 관점에서는 부모의 접근이 자신에게는 방해가 되고 자신의 애착 요구에 대한 반응이 아니기 때문에 뒤로 물러남으로써 자신을 보호하려고 한다. 하지만 부모가 떠나거나 곧 떠날 것처럼 보이면 아이의 애착 요구는 높아진다. 아이는 부모를 예측할 수 없다고 생각하기 때문에 부모가 돌아올 것이라는 확신을 갖지 못하고, 이는 분리된 고통으로 이어진다. 부모에 관한 아이의 딜레마는 '엄마와 함께 살 수도, 엄마 없이 살 수도 없는' 것이다. 그래서 아이는 부모가 어디에 있는지 바짝 경계하지만, 부모와의 상호관계를 즐기지도 못하고 그 관계에서 편안함을 느끼지도 못한다.

□ 양가성/저항 애착에 관한 연구

양가성/저항 애착의 특징은 〈표 6-1〉과 〈표 6-2〉에 요약되어 있다. 영아와 취학전 아동 집단 표본의 약 10%는 양육자와 양가성/저항 애착 관계를 나타낸다(Booth-LaForce & Roisman, 2014; Kochanska & Kim, 2013; Moss et al., 2004; van Ijzendoorn et al., 1999). 유사한 비율의 파괴적 행동이 취학전 아동에게서 나타난다(Greenberg et al., 1991; Speltz et al., 1990, 1991).

〈표 6-1〉 영아-양육자 관계에서 양가성/저항 애착의 설명

양가성/저항(C)	아이는 분리 시간 동안 고통스러워한다. 재회 시 아이는 양육자를 거부하면서도 양육자와의 접촉을 추구한다.
C1	아이는 분리 시간 동안 매우 고통스러워한다. 재회 시 저항 행동 (접촉 추구와 혼합된)이 특히 두드러진다. 상호작용에 대한 분노가 있다.
C2	아이는 제한된 탐색 행동과 양육자와의 상호작용을 적극적으로 시작하지 못하는 것 둘 다를 수동적으로 보인다. 재회 시 아이는 접촉이 필요하다는 신호를 보내지만 접촉에 저항한다.

출처: Ainsworth et al. (1978).

〈표 6-2〉 취학전 아동-양육자 관계에서 양가성/저항 애착 설명

양가성(C)	아동은 탐색할 의사가 없고 부모에게 집착하는 것처럼 보인다. 상호관계는 편안해 보이지 않고, 아동은 부모에게서 안정을 찾기 어려워 보인다. 자신은 무엇을 할 수 없다고 하면서 상호관계에 부모를 포함하려고 노력하지만, 상호작용을 해 보려는 부모의 시도에 대해서는 저항하거나 거부한다. 아동은 부모와의 분리에 대해 저항하고 분리 시간 동안 매우 고통스러워하거나 화를 낸다. 재회 시 아동은 접촉을 추구하거나 거부하는 행동을 계속하면서 화를 내고 불만을 나타낸다.

저항(C1)	부모-아동 갈등이 현저하게 드러난다. 아동은 부모가 적극적으로 하지 못하게 막는 어떤 활동을 하려고 하거나 또는 부모가 놀이에 참여하려는 것에 대해 저항한다. 아동이 부모를 때릴 정도로 갈등이 심해질 수 있다.
미성숙(C2)	아동은 아기 말투, 매달림, 또는 부모를 따라다니는 것을 통해 부모의 관심을 끌려고 하는 미성숙한 모습을 보인다. 아동은 부모를 탐색의 안전기지로 사용할 수 없다. 아동은 부모에게 집착하지만, 부모와의 상호작용을 즐기지 못하는 것처럼 보인다.

출처: Cassidy & Marvin (1992).

❑ 양가성/저항 애착과 관련된 양육 행동에 관한 연구

양가성/저항 애착 관계에서 양육자는 아이의 애착 요구에 대해서 일관성 없이 반응하는 경향이 있다. 긴 근무 시간, 양육 스트레스 그리고 보육기관 결정 등도 양가성 영아-엄마 애착과 관련이 있다(Scher & Mayseless, 2000). 양가성 애착을 가진 관계에서 엄마는 안정 애착의 엄마보다 분리불안을 더 많이 보고한다(Scher & Mayseless, 2000). 15개월에 양가성/저항 애착을 가진 부모와 영아의 관계는 서로 얼굴을 맞대는 상호작용을 하는 4개월 동안 '추적과 후퇴' 양상의 사건들이 유의미하게 더 많다(Beebe et al., 2010). 다시 말해, 영아가 자극을 조절하기 위해 엄마로부터 눈을 돌리면, 엄마는 아기와 눈을 맞추기 위해 아기 얼굴을 따라가며 '추적'한다. 양가성/저항 애착을 발달시킨 영아의 엄마는 아기에게 강요하는 접촉(긁기, 당기기, 밀기, 찌르기, 꼬집기)을 더 많이 사용하는데, 4개월 된 영아는 엄마의 접촉에 정서적으로 소식화되어 있지 않다(Beebe et al., 2010). 따라서 일반적으로 신체적 접촉이 안정 애착을 발전시키는 데 기인하는 반면, 양육자로부터 과도하게 방해되는 접촉을 경험한 유아는 양육자와의 신체 접촉이 조절장애를 일으킬 수도 있다. 양육자와 양가성/저항 애착 관계를 가진 영아는 양육자의 상태를 가늠할 수 없기 때문에 탐색보다는 지속적인 경계를 유지하게 된다. 그러나 아이는 양육자와의 방해되는 상호관계 또한 경계하기 때문에 양육자가 방해가 되지 않을 때에도 편안할 수 없고 양육자로부터 위안을 받을 수 없다.

양가성/저항 관계에서 양육자의 일관되지 않은 반응은 아이의 애착 행동을 강화하기 위한 무의식적 욕구의 결과라는 가설이 있다(Beebe et al., 2010). 양육자의 일관되지 않은 반응이 양육 스트레스의 결과일 수도 있다는 연구도 있다(Scher & Mayseless, 2000).

☐ 애착 기반 중재에 관한 연구 결과: 양가성/저항 애착의 비율

〈표 6-3〉과 〈표 6-4〉에서 볼 수 있듯이, 애착 기반 중재가 양가성/저항 애착을 낮추는 데 효과가 있다는 결론을 내린 연구는 비교적 적다. 하지만 부모를 지지하고 애착 신호에 대한 부모의 민감한 반응을 증가시키는 것에 초점을 둔 많은 중재는 양가성/저항 애착의 감소와 관계 있는 것으로 보인다. 학대 경험이 있는 가족을 대상으로 부모를 지지하고 모성적인 민감한 반응을 강화하는 중재는 양가성/저항 애착의 개선과 관계가 있다(Cicchetti et al., 2006; Moss et al., 2011). 민감한 영아와의 관계에서 민감한 반응을 개선하는 것에 초점을 둔 기술 기반 중재는 양가성/저항 애착 개선과 관계가 있었지만(van den Boom, 1994), 안전서클(Circle of Security), 가정 방문 접근법(Cassidy et al., 2011)은 그렇지 않다. van den Boom의 중재(1994)에서 까다로운 영아와 참견하는 특성의 엄마를 위해 사용된 전략 가운데 하나는 엄마에게 아기가 하는 것, 즉 양가성/저항 관계에서 보고된 추적과 후퇴 양상을 줄일 수 있는 아기의 행동을 설명하게

〈표 6-3〉 중재 연구에서 양가성/저항 애착 결과

집단	모델	양가성/저항 애착 비율	문헌
학대 가정의 영아(미국) N=137	영아-부모/아동-부모 심리치료(CPP)	사전 CPP: 3%	Cicchetti et al., 2006
		사후 CPP: 0%	
	보모-가족 파트너십(NFP)	사전 NEF: 4%	
		사후 NFP: 0%	
	지역사회 서비스(CS)	사전 CS: 4%	
		사후 CS: 2%	
산후 주요우울장애가 있는 엄마의 유아(미국) N=130	영아-부모/아동-부모 심리치료(CPP)	사전 CPP: 9%	Toth et al., 2006
		사후 CPP: 4%	
	통제(Con)	사전 Con: 9%	
		사후 Con: 7%	
헤드스타트 위험 집단과 조기 헤드스타트 집단(미국) N=65	안전서클(COS)	사전 COS: 3%	Hoffman et al., 2006
		사후 COS: 11%	
경제적으로 어려운 가정에 첫째로 태어난 까다로운 영아(미국) N=220	안전서클-가정 방문-4중재(COS-HV4)	COS-HV4: 15%	Cassidy et al., 2011
	통제(Con)	Con: 15%	

〈표 6-4〉 부모 코칭 중재에서 양가성/저항 애착 결과

집단	모델	양가성/저항 애착 비율	문헌
사회경제적 위치가 낮은 가정에서 첫째로 태어난 까다로운 영아(네덜란드) N=12개월 100, 18개월 82	기술기반 중재(SBI) 통제(Con)	12개월 SBI: 6% 18개월 SBI: 2% 12개월 Con: 4% 18개월 Con: 13%	van den Boom, 1994
학대받은 영아 및 취학전 아동(캐나다) N=67	관계중재 프로그램(RIP) 지역사회 서비스(CS)	사전 RIP: 6% 사후 RIP: 0% 사전 CS: 16% 사후 CS: 9%	Moss et al., 2011

하는 것이다. 헤드스타트 위험 집단에서 사용된 안전서클 또한 양가성/저항 애착 비율의 감소로 이어지지 못했다(Hoffman et al., 2006).

□ 몰두 마음상태의 특징

몰두 마음상태의 특징은 〈표 6-5〉에 요약되어 있다. 몰두 마음상태는 청소년과 성인의 3~10%에서 나타난다(Bakermans-Kranenburg et al., 2009; Booth-KaForce & Roisman, 2014; Caspers et al., 2007). 양육에 대한 도움을 구하는 부모는 상대적으로 낮은 비율로 나타난다. 경계선 성격장애로 인해 심리치료를 받는 부모는 약간 높게 나타난다.

〈표 6-5〉 성인 애착 인터뷰(AAI)에서의 몰두 마음상태에 대한 설명

몰두/혼합(E)	초기 애착 경험에 몰두되어 있다. 양육자를 떨쳐 버리지도 못하고 조리 있게 설명하지도 못한다. 부모 평가에 있어서 긍정과 부정 사이에서 망설인다.
수동적(E1)	가족 관계에 과도하게 몰두하려는 인상을 준다. 유아기의 긍정적인 시각은 갖고 있지만, 부모를 실망시켰다는 감정을 가지고 있다.
분노/갈등(E2)	관계에 있어서 과거와 현재의 어려움에 대해 광범위하게 토론한다.
트라우마 사건에 매우 집착(E3)	무서웠던 애착 경험으로 인해 혼란스럽고, 두렵고, 압도된 것처럼 보인다. 대화 중 트라우마 경험을 반복적으로 말한다.

출처: Main & Goldwyn (1998).

❑몰두 마음상태에 관한 연구

몰두 마음상태를 가진 엄마는 6개월 된 아기와 얼굴을 마주 대하는 상호작용에서 아기가 고통스러워하지 않으면 방해하고 아기가 고통스러워하면 물러나는 경향이 있다(Haltigan et al., 2014). 이것은 애착의 양가성 패턴을 발전시킨 관계에서 Beebe가 설명한 '추적과 후퇴' 패턴과 비슷하다. 몰두 마음상태를 가진 부모에게는 아이의 고통에 반응하는 패턴이 있는데, 그 패턴은 아이를 관계의 중심에 놓고 애착 관계와 부정적 감정에 계속 집중하게 만드는 것이다.

몰두 마음상태를 가진 개인은 개별치료 중 중재자에게 도움을 구하면서 동시에 중재자의 도움을 거절하는 경향이 있다(Talia et al., 2014). 그는 다른 사람의 의견을 '요청해서' 그것을 중재자에게 인용하며 중재자가 자신의 관점을 지지해 주기를 바란다(Talia et al., 2014). 아이와의 애착 패턴과 비슷하게 치료를 부정적 감정과 문제에 계속 집중시키려는 경향이 있다.

❑임상 관찰과 추천

역전이 반응

불안정한 심리상태에 있는 부모를 코칭할 때 내가 가장 중요하게 여기는 것은 나의 역전이 반응과 관련된 내면적인 작업이다. 부모와 아이의 경험을 이해하고 협력적 관계를 발전시키기 위해 역전이 반응을 사용할 때, 나의 코칭은 안정 애착 관계를 코칭하는 것과 유사한 방식으로 흘러

간다. 부모의 애착 상태와 영아-부모 애착에 관한 연구가 심리상태와 애착을 연결하는 특정한 행동에 '틈'을 보여 주는 것처럼, 나는 한 가족에 관한 나의 개인적인 감정과 믿음을 표현하는 것이 그들과의 상호작용에 영향을 미치는 특정한 방식을 종종 인식하지 못한다.

양가성/저항 애착 관계를 가진 이들과 일할 때 기억해야 할 주요 개념은 애착 신호의 과잉활성화이다. 과잉활성화를 고려해 볼 때, 이들을 관찰하고 코칭하는 것이 중재자의 강한 감정적 반응으로 이어지는 것은 놀라운 일이 아니다. 하지만 반응의 강도와 어떻게 그 반응을 다루는가 하는 것은 우리 자신의 심리상태에 따라서 다양하게 나타난다. 이러한 관계에 있는 아이는 분리되어 있는 동안에 화를 내거나 고통에 압도되는 것처럼 보인다. 그러나 양육자가 화난 채로 돌아와서 자신을 달래려고 시도할 때 저항하는 경향이 있다고 보는 사람이 많다. 어떤 중재자는 아주 '제멋대로'인 것으로 보이는 아이에 대해 화가 나고, 어떤 중재자는 엄마의 무능함에 대해 화가 난다. 영아의 낯선 상황 절차를 관찰할 때, 어떤 중재자는 분리 시간 동안에 아이를 제대로 달래 줄지 모르는 낯선 사람의 무능력에 대해 화를 낸다. 다른 중재자는 이런 관계를 보면서 아이와 양육자 사이의 고통스러운 상호작용에 안타까워하고 그들의 상호작용에서 효과적으로 변할 희망이 보이지 않는 것에 절망한다. 이런 관계에서 야기되는 감정에 대한 행동주의 반응 또한 다양하지만, 거기에는 종종 누군가를 구해 주는 것이 포함된다. 어떤 중재자는 부모를 끌어당겨서 아이와 다른 사람들 그리고 삶의 환경으로부터 구해 내길 원한다. 이런 중재자는 실제 코칭 회기 초기에 부모의 문제에 너무 많은 시간을 보내는데, 부모가 아이를 다루기 힘들다는 관점을 너무 강하게 확인하는 것은 위험할 수도 있다.

다른 중재자는 부모의 무능함으로부터 아이를 끌어내 오고 싶을 것이다. 이런 중재자의 경우, 실제로 아이를 끌어내 오는 것은 그들 자신을 중재하는 것이다(예, 아이가 공격적이 되면 부모가 놀이를 끝내도록 하기보다는 자신이 치료실에 들어가서 놀이를 중단시키거나 아이에게 유능한 대리 부모를 제공해 주기 위해 개별 놀이치료와 같은 다른 접근법으로 바꾼다).

　문제와 부정적인 감정에 뒤섞여 허우적거리는 몰두 마음상태의 개인과 일을 할 때 나는 어찌할 수 없는 답답함을 느낀다. 마치 늪에 빠진 것처럼 부모에게 아이와의 상호작용에 대해 설득하기 위해 몸부림칠수록, 또는 그들의 상호작용 패턴을 바꾸려고 노력할수록 나는 점점 더 빠져들어 간다. 움직일 수 없게 되는 것 같다. 나는 부모가 자신의 수용력을 볼 수 있도록 관찰할 줄 아는 것이 중요하다는 것을 알게 되었다. 또한 부모는 중재자에게 최악의 것을 말하면서 자신의 애착 욕구를 계속해서 충족시키려는 경향이 있으며, 아이와의 상호작용이 개선된 후에도 내게서 지속적인 지원을 요구한다는 것도 알게 되었다.

아동주도 놀이 코칭

　아이가 부모와 함께 편안하고 즐겁게 아동주도 놀이를 할 수 있게 하기 위해서는 부모가 아이를 추적하는 것을 멈추고 아이가 그들에게 오도록 해야 한다. 일반적으로 '부모-아동 상호작용치료'라는 용어는 이상적인 부모-아동 관계로서 몰두형 부모 모델, 즉 관심과 애정을 위한 부모의 요구에 대해 아이가 완벽하게 반응하는 것을 떠오르게 한다. 따라서 행동주의 양육 중재에서 아동주도 놀이는 부모의 불안을 고조시키고 아이가 부모와 상호작용해야 하는 부담을 가질 수 있다. 나는 부모에게 이 치료가 부모-아동 상호작용치료라고 불리고는 있지만, 아이가 부모와 항상 상호작용하는 것을 의미하지는 않는다고 말한다. 일반적인 발달/건강한 애착은 아이가 스스로 가서 활동하는 것을 배우는 것이라고 설명한다. 부모가 이것을 할 수 있을 때, 아이는 마침내 거절당하는 것에 대한 불안 없이 부모와 상호작용을 하게 될 것이다. 일단 부모가 아이에게 자신만의 활동을 할 수 있는 여유를 제공해 주면, 아이는 일반적으로 부모와의 상호작용을 원한다는 표시를 비언어적으로 하기 시작한다(예, 부모를 힐끗 쳐다보기, 부모에게 다가와서 무언가를 보여 주기, 또는 부모가 무엇을 하고 있는지 와서 보기). 그러면 부모는 아이의 주도를 따르면 된다.

이런 관계에 있는 부모는 한계를 정하는 것과 아이에게 권위적인 인물이 되는 것을 힘들어한다. 그들의 관계는 아이가 부모를 기쁘게 해 주고 싶기 때문에 부모가 한계를 설정해서는 안 되는 관계이다. 이런 갈등 때문에 아동주도 놀이 지도 회기의 마지막은 일반적으로 어렵다. 나는 회기가 끝나기 2~5분 전에 부모에게 놀이가 마무리되어야 한다는 주의사항을 아이에게 알려 주라고 함으로써 회기의 마지막을 잘 마무리하려고 노력한다. 만일 아이가 그것을 '받아들이면'(나는 아주 큰 울화를 보이는 것이 아닌 이상 기본적으로 받아들인 것으로 간주한다), 부모에게 아이가 재미있었던 놀이의 종료를 받아들인 것에 대해 칭찬하라고 한다. 아이가 놀이의 종료를 받아들이도록 더 많은 기회(예, 10분, 5분, 2분 남았을 때)를 제공해야 할 수도 있다.

부모주도 놀이와 훈육 코칭

좀 더 몰두하는 마음상태를 가진 부모는 한계를 설정하고, 아이에게 요구하고, 아이를 훈육하는 것 등이 그들의 애착 관계에 해가 될지도 모른다는 걱정을 한다. 이런 관계 속에 있는 부모는 종종 직접 요구나 긍정적 강화인으로부터의 타임아웃 사용하기를 꺼리는데, 특히 아동주도 놀이가 아이의 행동을 눈에 띄게 향상시키는 경우가 종종 있기 때문이다.

부모와 부모주도 놀이에 대해 이야기할 때, 부모가 침착하게 책임지는 행동이 아이의 안전에 중요하다는 것을 강조하면서 아이와의 관계를 개선하기 위한 다음 단계를 설명하는 것이 도움이 된다. 이런 관계에 있는 부모는 아이와 한계를 정해야 할 때 기대하는 것을 간접적으로 전달하는 경향이 있다. 그래서 "우리가 타임아웃이 필요하겠지?"와 같이 말한다. 아이에게 타임아웃을 시도하려고 할 때 의자 주위를 맴돌거나 의자에 앉아 있는 아이를 꼭 껴안는 경향이 있는데, 그것은 갈등을 증가시키는 원인이 되고 부모와 아이 모두 점점 더 조절이 안 되고 힘들어진다.

　부모가 아이에게 자율성을 좀 더 허용하도록 돕기 위해서 나는 부모주도 놀이를 아동주도 놀이에서 시작된 작업을 계속하는 기회로 삼는다. 부모는 아이에게 분명한 지시를 하고 불순종의 결과를 분명하게 알려 준다. 하지만 어떻게 반응할지는 아이가 결정하도록 해야 한다. 갈등이 오랫동안 지속된 관계를 볼 때, 아이가 지시를 따르거나 타임아웃을 받은 이후에 아동주도 놀이 경험을 갖는 것은 부모와 아이 모두에게 중요하다. 그들은 즐거운 상호작용 시간 뒤에 갈등의 시간이 있을 수 있다는 건강한 관계의 리듬을 갖기 시작한다.

❑ 결론

　양가성/저항 애착과 몰두 마음상태의 부모와 함께 하는 효과적인 부모 코칭은 서로에 대한 추적과 후퇴 관계를 멈추게 해서 그들이 함께 보내는 시간이 덜 대립적이고 더 즐거울 수 있도록 도와주는 것이다. 중재자는 아동주도 놀이를 이용하여 부모가 아이의 탐색을 위한 발판을 더 많이 제공할 수 있도록 안내해야 한다. 부모는 부모주도 놀이를 통하여 아이들이 안전하게 잘 자라는 데 필요한 위계적인 부모-아동 관계를 배울 수 있다.

참고문헌

Ainsworth, M., Blehar, M., Waters, E., & Wall, S. (1978). *Patterns of attachment: A psychological study of the strange situation*. Hillsdale: Erlbaum.

Bakermans-Kranenburg, M., & van IJzendoorn, M. (2009). The first 10,000 adult attachment interviews: Distributions of adult attachment representations in clinical and non-clinical groups. *Attachment & Human Development, 11*(3), 223-263.

Beebe, B., Jaffe, J., Markese, S., Buck, K., Chen, H., Cohen, P., Feldstein, S., et al. (2010). The origins of 12-month attachment: A microanalysis of 4 month mother-infant interaction. *Attachment & Human Development, 12*(1), 3-141.

Booth-LaForce, C., & Roisman, G. (2014). The adult attachment interview: Psychometrics, stability and change from infancy, and develpmental origins. *Monographs of the Society for Research in Child Development, 79*(3), 1-185.

Caspers, K., Yucuis, R., Troutman, B., Arndt, S., & Langbehn, D. (2007). A sibling adoption study of adult attachment: The influence of shared environment on attachment state of mind. *Attachment & Human Development, 9*(4), 375-391.

Cassidy, J., & Marvin, R. (1992). *Attachment organization in three and four year olds: Procedures and coding manual*. Charlottesville: University of Virginia.

Cassidy, J., Woodhouse, S., Sherman, L., Stupica, B., & Lejuez, C. W. (2011). Enhancing infant attachment security: An examination of treatment efficacy and differential susceptibility. *Development and Psychopathology, 23,* 131-148.

Cicchetti, D., Rogosch, F., & Toth, S. (2006). Fostering secure attachment in infants in maltreating families through preventive interventions. *Development and Psychopathology, 18,* 623-649.

Greenberg, M., Speltz, M., DeKlyen, M., & Endriga, M. (1991). Attachment security in preschoolers with and without externalizing behavior problems: A replication. *Development and Psychopathology, 3,* 413–430.

Haltigan, J., Leerkes, E., Supple, A., & Calkins, S. (2014). Infant negative affect and maternal interactive behavior during the still-face procedure: The moderating role of adult attachment states of mind. *Attachment & Human Development, 16*(2), 149–173.

Hoffman, K., Marvin, R., Cooper, G., & Powell, B. (2006). Changing toddlers' and preschoolers' attachment classifications: The circle of security intervention. *Journal of Consulting and Clinical Psychology, 74,* 1017–1026.

Kochanska, G., & Kim, S. (2013). Early attachment organization with both parents and future behavior problems: From infancy to middle childhood. *Child Development, 84*(1), 283–296.

Korfmacher, J., Adam, E., Ogawa, J., & Egeland, B. (1997). Adult attachment: Implications for the therapeutic process in a home visitation intervention *Applied Developmental Science, 1*(1), 43–52.

Levy, K., Meehan, K., Kelly, K., Reynoso, J., Weber, M., Clarkin, J., & Kernberg, O. (2006). Change in attachment patterns and reflective function in a randomized control trial of transference-focused psychotherapy for borderline personality disorder. *Journal of Consulting and Clinical Psychology, 74*(6), 1027–1040.

Main, M., & Goldwyn, R. (1998). *Adult attachment scoring and classification system.* Berkeley: University of California at Berkeley.

Moss, E., Cyr, C., & Dubois-Comtois, K. (2004). Attachment at early school age and developmental risk: Examining family contexts and behavior problems of controlling-caregiving, controlling-punitive, and behaviorally disorganized children. *Developmental Psychology, 40*(4), 519–532.

Moss, E., Dubois-Comtois, K., Cyr, C., St-Laurent, D., & Bernier, A. (2011). Efficacy of a homevisiting intervention aimed at improving maternal sensitivity, child attachment, and behavioral outcomes for maltreated children: A randomized control trial. *Development and Psychopathology, 23,* 195–210.

Routh, C., Hill, J., Steele, H., Elliott, C., & Dewey, M. (1995). Maternal attachment status, psychosocial stressors and problem behaviour: Follow-up after parent training courses for conduct disorder. *Journal of Child Psychology and Psychiatry, 36*(7), 1179-1198.

Scher, A., & Mayseless, O. (2000). Mothers of anxious/ambivalent infants: Maternal characteristics and child-care context. *Child Development, 71,* 1629-1639.

Speltz, M., Greenberg, M., & DeKlyen, M. (1990). Attachment in preschoolers with disruptive behavior: A comparison of clinic-referred and nonproblem children. *Development and Psychopathology, 2,* 31-46.

Speltz, M., DeKlyen, M., & Greenberg, M. (1999). Attachment in boys with early onset conduct problems. *Development and Psychopathology, 11,* 269-285.

Talia, A., Daniel, S., Miller-Bottome, M., Brambilla, D., Miccoli, D., Safran, J., & Lingiardi, V. (2014). AAI predicts patients' in-session interpersonal behavior and discourse: A "move to the level of the relation" for attachment-informed psychotherapy research. *Attachment & Human Development, 16*(2), 192-209.

Toth, S., Rogosch, F., Manly, J., & Cicchetti, D. (2006). The efficacy of toddler-parent psychotherapy to reorganize attachment in the young offspring of mothers with major depressive disorder: A randomized preventive trial. *Journal of Consulting and Clinical Psychology, 74,* 1006-1016.

van den Boom, D. (1994). The influence of temperament and mothering on attachment and exploration: An experimental manipulation of sensitive responsiveness among lower-class mothers with irritable infants. *Child Development, 65,* 1457-1477.

van Ijzendoorn, M., Schuengel, C., & Bakermans-Kranenberg, M. (1999). Disorganized attachment in early childhood: Meta-analysis of precursors, concomitants, and sequelae. *Development and Psychopathology, 11,* 225-249.

나를 죽이지 않는 것이
나를 더 강하게 만든다

나를 죽이지 않는 것이 나를 더 강하게 만든다.
(Nietzche, 1888)

세 살 된 레니는 유치원에서의 문제 때문에 치료에 의뢰되었다.[1] 유치원 선생님은 레니가 지시를 따르지 않을 뿐만 아니라 다른 아이들을 못살게 굴고 때리기 때문에 다른 부모들이 불만을 가진다고 했다. 레니의 부모인 레나와 그레이엄은 레니가 퇴학당하는 것을 면하기 위해 유치원 선생님이 추천한 서비스를 받는 것에 동의했다. 초기 평가에서 레나와 그레이엄은 레니가 유치원에서 겪는 어려움의 원인이 될 가능성이 있는 요인을 다음과 같이 작성했다. ① 유치원 교사가 비교적 경험이 없고 학급을 잘 통제하지 못한다. ② 레니가 학업적인 면에서 다른 친구들보다 앞서기 때문에 지루할 수도 있다. ③ 주의력결핍 과잉

---

1) 이 글은 회피 관계와 무시 마음상태의 부모를 설명하기 위해 작성된 가상의 글이다.

행동장애(ADHD)는 가족력으로서 레나와 그레이엄 모두 ADHD를 가진 형제가 있다.

초기 평가에서 레나와 그레이엄은 레니가 집에서는 행동문제를 나타내지 않는다고 했다. 가끔 레니가 잘못된 행동을 하면 부모는 그의 방에서 타임아웃을 사용하여 훈육했다. 그레이엄은 그의 어린 시절이 일반적이고 평범했다고 설명했다. 레나는 그녀의 부모를 사랑이 아주 많은 분으로 설명했고, 그녀의 어린 시절은 마치 '노먼 록웰(Norman Rockwell)2)의 그림'과 같았다고 말했다. 이러한 설명과는 달리 레나가 어린 시절 엄마에게 혼날까 봐 나무에서 떨어져 다친 것을 말하기 두려워했다는 것을 면담 후반부에 이야기했을 때, 중재자에게는 그것이 의외였다. 레나는 이 이야기에 이어서 최근에 그녀의 엄마를 방문했던 이야기를 했다. 그때 레나의 엄마는 그녀와 그레이엄이 레니를 양육하는 방식에 대해서 비판했다. 그녀는 다른 손주들은 레니보다 행동을 훨씬 더 잘하는데 그것은 부모가 아이를 '용서하지 않고 때리기' 때문이라고 했다. 레나는 재빨리 엄마의 정직함과 높은 기대를 항상 존중해 왔고 그것은 그녀에게 '두 발로 스스로 서는 법'을 가르쳐 주었다고 덧붙였다.

레니는 사전치료 평가를 위해 엄마와 방에 들어오자마자 방에 있는 장난감을 탐색했고, 앉아서 밝은 색깔의 블록을 갖고 놀았다. 레나는 레니에게 블록의 색깔이 무엇인지 물었는데, 그는 정확하게 맞혔다. 레나가 중재자로부터 신호를 받은 후 방에서 나갈 것이라고 레니에게 알려 주자 레니는 별다른 언급 없이 받아들였다. 레나가 없는 동안 레니는 계속 블록 쌓기를 했다. 그는 엄마가 방에 있을 때보다 더 편안해 보였는데, 중재자는 레니가 블록 색깔을 말할 필요 없이 쌓기에 집중

---

2) 역자 주: 미국의 화가이자 삽화가로 20세기의 변화하는 미국 사회와 미국인의 일상을 밝고 따뜻하게 표현했다고 평가된다.

할 수 있게 된 것을 왠지 즐기고 있다는 인상을 받았다.

레나가 다시 방에 들어왔을 때, 레니는 엄마가 들어온 것을 눈치채지 못했다. 레니가 엄마가 돌아온 것을 알지 못했다고 생각할 수도 있었지만, 중재자는 엄마가 걸어갈 때 탑 쌓는 활동에 동요가 생긴 것에 주목했다.

사전치료 DPICS 평가에서 레니는 놀이 중에 동물원 동물 한 세트를 모으고 동물들을 위해 블록으로 동물원을 만들었다. 레나는 레니에게 동물원 세트에 들어 있는 동물 이름을 묻기 시작했다. 레니는 자신이 만들고 있던 동물원 탑이 무너지자 실망하고 화를 냈다. 레나는 탑을 다시 만들라고 하면서 기초를 좀 더 튼튼하게 만드는 방법을 알려 주었다. 장난감을 정리하라고 하자, 레니는 엄마가 탑을 엉망으로 만들어서 놀 시간이 충분하지 않았다면서 화를 냈다.

회피 애착과 무시 마음상태를 나타내는 이 가상 삽화에서 볼 수 있는 한 측면은 탐색과 성취에 초점을 맞춘다는 것이다. 이런 애착 패턴과 일치하는 다른 양상은 고통이나 취약점을 다른 사람과 나누기 어려워한다는 것이다. 이는 레니와 부모 사이의 상호작용 관찰에서 부모가 짧은 분리 후에 돌아왔을 때 레니가 부모를 외면하고 상관없는 대화를 하는 것에서 드러난다. 레나는 어린 시절에 사랑을 많이 받았다고 설명하지만 엄마와의 상호작용에 있어서 그 설명과는 많은 차이가 있는 것으로 나타난다. 어쩌면 고통스러웠던 엄마와의 상호작용을 긍정적으로 해석해서 그것이 그녀를 어떻게 더 강하게 만들었는지를 강조하려는 경향 또한 무시하는 애착의 특징이라고 할 수 있다.

회피 애착과 무시 마음상태의 특징은 〈표 7-1〉과 〈표 7-2〉에 설명되어 있다. 집단 표본에서 영아와 취학전 아동 가운데 최고 15%가 회피 아동-부모 애착을 보인다(Kochanska & Kim, 2013; Moss et al., 2004; van

Ikzendoorn et al., 1999). 유사한 비율의 회피 애착이 파괴적 행동을 가진 취학전 아동에게서 나타나고 있다(Greenberg et al., 1991; Speltz et al., 1995; Speltz et al., 1990).

〈표 7-1〉 영아-부모 관계에서 회피 애착에 대한 설명

회피(A)	대부분의 시간을 탐색 행동에 보내지만, 탐색과 놀이의 수준은 상대적으로 낮다. 아이는 분리 시 낯선 사람이 있을 때 고통스럽지 않다. 종종 장난감에 관심 있는 척하면서 부모가 돌아온 것을 무시한다. 재회 시 부모에게 가까이 가는 것을 피한다.
A1	재회 시 눈에 띄게 부모를 회피한다. 부모가 안으면 눈길을 돌리고 부모와 관계를 형성하지 않는다.
A2	부모가 돌아왔을 때 아이는 약간의 환영을 표현하지만 회피와 뒤섞여 있다.

출처: Ainsworth et al. (1978).

〈표 7-2〉 취학전 아동-부모 관계에서 회피 애착에 대한 설명

회피(A)	아이는 탐색에 집중한다. 상호작용이 따뜻하거나 특별해 보이지 않는다.
회피 무시(A1)	아이는 재회 시 부모를 무시한다.
회피 중립(A2)	아이는 재회 시 부모와 상호작용을 하지만 여유 있고 편안해 보이지 않는다.

출처: Cassidy & Marvin (1992).

❑ 회피 애착과 관련된 양육 행동

회피 애착과 관련된 양육 행동의 특징은 영아의 고통에 민감하게 반응하지 않는 것이다(Ainsworth et al., 1978; van den Boom, 1988, 1989, 1994). 〈표 7-3〉과 〈표 7-4〉에 있는 네덜란드의 표본에서 볼 수 있듯이, 영아의 고통과 긍정적 애착 신호에 대한 엄마의 민감한 반응을 향상시키는 부모 코칭 중재는 까다로운 영아의 회피 애착 비율을 줄이는 데 효과적이다(van den Boom, 1994). 반면, 학대받은 아동 표본에서 민감한 반응을 목표로 한 중재에서는 회피 애착이 유의미하게 감소하지 않았다. 이 표본에서 주어진 중요한 스트레스 요인을 고려해 볼 때, 이런 관계에서는 패턴이 한번 형성되고 나면 상처받기 쉽거나 고통받을 때 회피하려는 성향을 극복하기가 어려울 수도 있다. 부모에게 안정 애착을 교육하고 아이의 애착 신호에 반응하는 데 있어 방해물이 무엇인지 생각해 보도록 하는 안전서클은 회피 애착 비율의 감소와 관련이 있다.

〈표 7-3〉 중재 연구에서의 회피 애착 비율

집단	모델	회피 애착 비율	문헌
학대하는 가정의 영아 (미국) N=137	영아-부모/아동-부모 심리치료(CPP)	사전 CPP: 6%	Cicchetti et al., 2006
		사후 CPP: 7%	
	보모-가족 파트너십 (NFP)	사전 NEF: 12%	
		사후 NFP: 0%	
	지역사회 서비스(CS)	사전 CS: 4%	
		사후 CS: 18%	
산후 주요우울장애가 있는 엄마의 영유아 (미국) N=130	영아-부모/아동-부모 심리치료(CPP)	사전 CPP: 36%	Toth et al., 2006
		사후 CPP: 17%	
	통제(Con)	사전 Con: 28%	
		사후 Con: 35%	
헤드스타트 위험 집단과 조기 헤드스타트 집단(미국) N=65	안전서클(COS)	사전 COS: 17%	Hoffman et al., 2006
		사후 COS: 11%	
경제적으로 어려운 가정에 첫째로 태어난, 까다로운 영아(미국) N=220	안전서클-가정 방문-4중재(COS-HV4)	COS-HV4: 11%	Cassidy et al., 2011
	통제(Con)	Con: 17%	

〈표 7-4〉 부모 코칭 중재에서 회피 애착 비율

집단	모델	회피 애착 비율	문헌
낮은 사회경제적 지위의 가정에서 첫째로 태어난, 까다로운 영아(네덜란드) N=12개월 100, 18개월 82	기술 기반 중재(SBI) 통제(Con)	12개월 SBI: 24% 18개월 SBI: 19% 12개월 Con: 52% 18개월 Con: 51%	van den Boom, 1994
학대받은 영아와 취학 전 아동(캐나다) N=67	관계중재 프로그램(RIP) 지역사회 서비스(CS)	사전 RIP: 14% 사후 RIP: 14% 사전 CS: 12% 사후 CS: 6%	Moss et al., 2011

무시 마음상태

무시 마음상태(dismissing state of mind)의 특징이 〈표 7-5〉에 요약되어 있다. 지역사회 표본 집단에서 청소년과 성인의 약 1/3이 무시 마음상태를 갖고 있다(Bakermans-Kranenburg & van Ijzendoorn, 2009; Booth-LaForce & Roisman, 2014). 파괴적 장애로 인해 부모관리 치료에 참여하는 부모(Routh et al., 1995), 경계선 성격장애로 인해 심리치료를 받고 있는 환자, 영아 때 입양된 성인(Caspers et al., 2007), 위탁 엄마(Dozier et al., 2001b) 그리고 양부(Steels et al., 2008)에게서도 무시 마음상태의 비율이 비슷하게 나타난다. 무시 마음상태가 일반적인 비율보다 낮게 나타나는(12~16%) 집단은 예방적 가정 방문 중재(preventive home visiting intervention)에 참여하는 저소득층 엄마(Erickson et al., 1992), 양모(Steels et al., 2008) 그리고 자폐장애 아동의 부모(Seskin et al., 2010)이다.

〈표 7-5〉 무시 마음상태의 특징

무시 애착(Ds)	부정적인 어린 시절의 경험 또는 힘들었던 어린 시절의 경험의 부정적 영향을 인식하지 못함으로써 어린 시절 애착 관계의 중요성을 무시한다. 부모와의 관계에서 일반화된 설명(의미론적 수준)이 구체적인 기억으로 뒷받침되지 않는다. 애착 인물은 평가절하된다. 성인은 초기 경험이나 그를 강하게 만든 부정적인 경험을 통해 영향받지 않았다고 보고한다.
무시 애착(Ds1)	훌륭하거나 보통으로 부모를 일반화한 설명과 지원하지 않고 모순되는 어린 시절 상호작용의 설명 간 불일치를 보인다. 어린 시절에 대한 기억이 없다고 주장하고 이것이 일반적이라고 말한다.
평가절하 애착(Ds2)	부모나 애착과 관련된 경험들을 경멸하며 설명한다.
제한된 감정(Ds3)	힘들었던 어린 시절의 애착 경험을 언급은 하지만, 부모에 대한 낙관적인 설명 또는 어려웠던 경험의 긍정적인 영향을 이어서 말한다. 보통 또는 일반적인 어린 시절이었다고 하지만 연관되는 특별한 기억은 없다.
아이의 죽음에 대한 두려움의 근원으로부터의 차단(Ds4)	특별한 근원이 없는 아이의 죽음에 관한 두려움을 가진다.

출처: Main & Goldwyn (1998); Steele & Steele (2008).

□ 무시 마음상태에 관한 연구

무시 마음상태를 가진 엄마는 영아의 부정적인 감정에 동조하지 않으려는 경향이 있다(Haft & Slade, 1989). 엄마-영아 상호작용에 대한 짧은 비디오를 통해 임산부의 생리적 반응(심장 박동수, 피부 전도성, 호흡기 동성 부정맥)을 알아본 최근 연구에서는 무시 마음상태의 여성이 비디오에 나오는 엄마가 우는 아기를 달래지 못하는 것을 볼 때 혐오적 결과와 관련된 생리적 반응을 보였다(Ablow et al., 2013). 놀랍게도, 만족스럽게 놀이하는 엄마와 영아의 비디오를 볼 때도 비슷한 생리적 반응이 나타났다. 초기 중재자들은 일반적으로 아이와 놀이하는 것을 긍정적 경험으로 여겼지만, 이 연구를 통해 무시상태의 부모에게는 그것이 짜증스러울 수도 있다는 것을 알게 되었다.

무시 마음상태의 성인은 개인치료에서 중재자에게 고통을 표현하거나, 도움을 요청하거나, 감사를 표현할 가능성이 적다(Talia et al., 2014). 그들은 중재자의 질문에 짧게 반응하고 침묵으로 회피하거나, 고통스러운 경험을 이야기한 후에 웃음으로 고통을 경시하거나, 자기만족을 전달하면서 부정적 느낌을 떨쳐 버리려고 할 가능성이 많다(Talia et al., 2014). 무시 마음상태와 조현병(schizophrenia) 또는 조울증(bipolar disorder)을 가진 성인은 사례 관리자와의 상호작용에 더 많은 시간을 보냈다(Dozier et al., 2001a). 흥미롭게도 이것은 주제를 자주 바꾸는 사례 관리자 때문이었는데, 사례 관리자는 아마도 불편함을 보여 주는 비언어적 신호에 반응해서 주제를 자주 바꾸었을 것이다. 중요한 이들과 상호작용을 하는 동안, 무시 마음상태와 조현병 또는 조울증을 가진 성인은 민감한 주제들이 제기되면 보다 적극적으로 거리를 두는 전략을 사용했다. 예를 들면, 한숨 쉬기, 빈정대는 코멘트 하기와 같은 것이다. 무시 마음상태를 가진 개인은 상대방과의 문제 해결 상호작용 후에 더 큰 슬픔을 느낀다고 보고했다.

❑임상 관찰과 추천

역전이 반응

회피 애착/무시 마음상태를 가진 양자 관계에서 부모와 아이는 상대와 중재자에 대해 비판적인 경향이 있는데, 이런 경향은 중재자로 하여금 도전과 비판으로부터 자신을 지킬 필요가 있다는 생각을 갖게 한다. 행동주의 양육 중재를 중단한 부모는 사전치료 행동 평가에서 치료를 완수한 부모보다 아이를 더 자주 비판하고(Fernandez & Eyberg, 2009), 부모 중재자는 아동주도 놀이 회기 동안 아이를 비판하는 부모에 대해 더 비판하고 지시한다(Barnett et al., 2014). 이 두 연구는 나와 아이를 자주 비판하는 부모를 직면하게 될 때 이것이 나에게 어떤 영향을 미칠 것인지를 인식하고 부정적 순환에 빠지지 않아야 한다는 것을 상기시켜 준다. 나는 부모의 강점을 발견하는 데에 집중하는데, 이는 중재 시에 그들을 진심으로 칭찬할 수 있게 한다. (나는 때때로 이런 강점이 있는 부모가 왜 나를 괴롭히는지 알기 위해 다른 중재자의 조언이 필요할 때가 있다.) 회기 동안 내가 부모에게 긍정적인 피드백을 충분하게 주고 있는지 평가하기 위해 제4장에 있는 코치 양식 코드를 자주 사용한다. 중재자의 비판은 몰두하는 부모에게 수다스럽고 짜증스러운 것이지만 무시하는 부모에게는 날카롭고 빈정대는 것이 된다.

내가 비판과 빈정댐을 비판과 빈정댐으로 돌려주는 역전이의 덫을 피할 수 있을 때, 나 자신이 이 가족에게 상처받기 쉬운 감정과 관계된 자기노출을 더 많이 하는 것을 안다. 예를 들면, 그들이 '큰일이 아니거나' 또는 '그들을 더 강하게 만든' 객관적으로 어려운 상황을 설명할 때, 나는 종종 비슷한 어려운 상황에서 내가 어떻게 느꼈는지를 설명하는 나 자신을 발견한다. Bollas(1987)가 정상 성격('비정상적으로 정상적인' 사람)에 관해 쓴 글은 이런 역전이 반응을 이해하는 데 큰 도움이 된다. Bollas(1987)는 한 청소년 환자와의 인터뷰를 설명했는데, 그 환자는 최근에 두 번의 자살 시도를 했음에도 불구하고 자신감 있고 사회적으로 노련한 젊은이서 럼 마치 어떤 비정상적인 일은 일어나지 않은 것처럼 행동했다. 환자의 경험을 이해하기 위해서 어떤 일이 일어났는지에 대한 주제로 전환하자, Bollas는 환자가 다시 청소년으로서 불확실한 감정과 의심을 설명하기 시작했다고 하였다.

중재자는 회피성와 무시 관계에서 따뜻함과 긍정적 상호관계의 부족이 아이가 '애착되지 않은' 것을 의미하는 것은 아닌지 의문스러울 수 있다. Robertson이 처음으로 작성한 분리에 대한 어린아이의 무심한 반응을 기억하는 것이 도움이 된다. 분리되기 전에 부모와 가장 많은 시간을 보낸 아이가 부모와 재회했을 때 부모의 떠남을 '기억하지' 않는 바로 그 아이였다. 회피는 아이가 부모와 더 이상 애착을 형성하지 않는다는 표시가 아니다. 오히려 관계가 깨졌을 때 그들이 가장 의지했던 사람을 신뢰하는 것이 그들에게 얼마나 어려운가를 보여 주는 표시이다. 유사하게, 회피 관계에서 아이는 너무 친밀하고 상처받기 쉬운 감정으로부터 자신을 보호하면서 애정에 굶주린 상태가 되지 않으려는 안간힘으로 애착 관계를 유지한다.

회피 애착을 가진 관계에서 행동주의 중재를 사용하는 것이 내게는 가장 큰 고민이다. 특히 아이의 잘못된 행동에 대해서 무시와 타임아웃을 사용하라고 가르치는 것은 부모가 아이의 고통을 외면하는 성향을 강화하는 것이므로 고민이 될 수밖에 없다. 역설적으로, 감정이나 관계보다 행동을 관리하기 위해 전략을 배우는 것이 초점이라면 행동주의 중재가 무시 마음상태를 가진 부모에게 더 적합하다고 생각한다.

무시 마음상태를 가진 개인과 일을 할 때 기억해야 할 중요한 개념은 애착의 비활성화이다. 그들은 도움을 요청하기 싫어하기 때문에 일반적으로 도움을 구하는 것 외에는 다른 방법이 없다고 생각되는 절망적인 상황이 되어서야 아이와의 상호작용에 대한 지도를 받는다. 무시 마음상태의 최극단에 있는 부모는 종종 아이의 문제를 다루는 최선의 방법에 대한 최근의 연구 결과로 무장하여 치료를 시작한다. 약간 무시하고 빈정대는 관점을 갖기 쉬운 중재자는 '당신이 그렇게 전문가라면 도대체 여기에 왜 온 거야?'라고 생각할 수 있다. 물론 당신은 부모가 이 질문에 대한 반응으로 그들의 양육과는 상관없는 문제를 열거할 것이라는 인상을 갖는다. 무시 마음상태의 부모가 종종 자녀가 겪고 있는 어려움에 대해 정말 큰 부끄러움을 경험하는 것은 사실이다. 하지만 이것을 그들 스스로나 다른 누군가에게 인정해야 한다는 것은 몹시 고통스러운 일이다.

아동주도 놀이 코칭

　회피 관계의 부모는 아이의 애착 요구보다 탐색 요구를 더 편안하게 여긴다. 하지만 아이의 탐색을 지원하는 것 또한 힘들어한다. 아이가 스스로 탐색하게 두는 것보다 가르치거나 겨루는 것에 초점을 맞추는 경향이 있다. 또한 그들은 아이가 과제를 힘들어하거나 좌절하거나 또는 도움을 요청하면 불편해진다. 회피 관계의 부모가 아이의 탐색을 지원하기 위해서 행동주의 양육 기술을 사용하도록 돕는 것은 애착 안정을 개선하기 위한 첫 단계이다. 나는 종종 부모에게 아이가 탐색하고 배우는 능력에 있어 부모가 얼마나 중요한지에 대한 감각을 주기 위해 비계 개념을 설명한다. 건물이 지어지고 있는 동안에는 발판(비계)이 필요하지만 나중에는 철거되는 것처럼, 아이의 노력을 설명하고 칭찬함으로써 아이의 과제 완수를 도울 수 있는 부모의 능력은 결국 아이 스스로가 과제를 완수하는 능력을 키워 주는 것이다. 부모에게 비계 능력을 가르치기 위해 내가 발견한 가장 좋은 장난감은 두 조각을 붙여 주는 자석이다(예, 나는 자석으로 차를 붙일 수 있는 장난감 기차와 자석 빌딩 장난감을 갖고 있다). 나는 부모에게 처음 행동주의 양육 기술을 가르칠 때 아동주도 놀이 동안 자석을 이용해서 서로 밀어내는 두 자석의 끝을 붙여 보려고 애쓰는 역할 연기를 한다. 그러면 부모는 예외 없이 그것을 어떻게 하는지 묻거나 또는 내게서 장난감을 가져가서 어떻게 하는지 보여 주려고 할 것이다(이 지점에서 나는 그들이 아이가 되는 경험에 대한 역전이 정보를 아주 많이 갖게 된다). 그런 후 나는 부모에게 연습을 하게 하는데, 내가 한 것을 설명하게 하고 사석의 두 끝이 서로 붙는 것을 알 때까지 과제에 집중한 노력을 칭찬하게 한다. 내가 아동주도 놀이를 코칭할 때 이런 상황이 생기면, 부모는 아이가 탐색하는 동안 겪는 어려움에 대해 다르게 반응하도록 연습한 약간의 경험을 갖게 된다. 부모가 그들의 도움과 함께 문제를 해결하는 능력을 경험하면, 일반적으로 이것은 부모와 아이 모두에게 매우 의미 있는 순간이 된다.

회피 애착 유형의 아이가 행동문제로 인해 의뢰되기까지 부모와 아이 모두는 상처받는 것을 피하기 위해 취약한 감정을 외면하려는 패턴을 가진다. 긍정적 상호작용을 증가시키는 것에 초점을 둔 행동주의 중재는 첫 단계로서 부모와 아이 모두에게 고마움을 표현하고 또한 취약점을 연습하는 기회를 주는 시간을 갖는다. 회피 애착에서 이 관계의 구성원은 그들이 상처받는 것을 피하기 위해 자신이 상처받기 쉬운 기회를 갖기 전에 서로를 멀리한다. 따라서 이런 관계에서 야기되는 문제 가운데 하나는 아이가 부모와 놀기를 원하지 않는다고 말하면서 부모가 행동주의 양육 기술을 사용하는 것을 거절하거나 무시하는 것이다. 부모 코칭에서 이런 순간을 맞닥뜨릴 때는 아이가 부모를 거절하더라도 이 기술을 계속 사용하는 것이 그들에게 얼마나 어려운지를 인식하는 것과 그럼에도 계속 사용할 수 있도록 부모를 칭찬해 주는 것이 중요하다. 이런 관계의 부모는 집에서 아동주도 놀이 과제를 완수하는 것에 종종 어려움을 겪는다. 일단 부모가 집에서 아동주도 놀이를 완수하기 시작하면, 부모는 놀이를 교육 활동으로 대체하고 아이가 '잘못한' 날에는 벌로서 아동주도 놀이를 보류하려고 할 것이다. 중재자는 부모가 집에서 아동주도 놀이를 하려고 노력할 때 그들의 어려움에 대해 공감해 주는 것이 중요하다. 부모가 견고한 거절 패턴에 빠져 있고 집에서 아이와 놀려고 하지 않을 때, 나는 가끔 부모에게 '몰래 하는 아동주도 놀이'라는 것을 해 보라고 말한다. 예를 들면,

아이가 편안하거나 다른 활동을 할 때(주로 비디오 게임), 단지 1~2분 아이를 칭찬하거나 아이의 긍정적 행동에 주의를 가지는 것이다. 회피성 관계에서 화났을 때 아동주도 놀이를 하는 것은 어려운 일이지만 강력한 중재가 될 수 있다. 왜냐하면 화난 상태로 시간을 함께 보내는 것은 본능을 거스르는 것이면서 동시에 안전함으로 물러나는 것이 아니라 취약한 상황이 되는 것이기 때문이다.

치료의 첫 단계인 아동주도 놀이를 레나와 그레이엄에게 소개할 때, 중재자는 그들이 가이드라인을 현재 양육에 대한 고발로 여기고 방어적으로 반응할지도 모른다고 예상했다. 중재자는 레나와 그레이엄이 레니의 인지적 발달을 돕기 위해 그리고 학교 갈 준비가 되도록 열심히 노력했음에도 불구하고 유치원에서 레니가 보이는 문제 때문에 비난받는 것이 얼마나 힘든 일인가를 언급하면서 자신을 안전한 은신처로 여기도록 했다. 중재자는 아들에 대한 레나와 그레이엄의 헌신과 아들을 위해 어려운 일도 기꺼이 하려는 마음을 강조했다. 중재자는 레나와 그레이엄이 아동주도 놀이에 어려움이 있을지도 모른다고 생각했기 때문에 많은 부모가 아동주도 놀이를 다소 불편해하고 '민감하다'고 먼저 말해 줌으로써 그것이 보편적인 경향임을 알렸다. 또한 많은 부모가 아이가 기분이 안 좋은 날에 아동주도 놀이를 하는 것을 특히 어려워한다는 것을 언급했다. 중재자는 아이가 화가 났을 때 긍정적으로 상호작용하려는 부모의 시도를 거절하는 것은 일반적이라고 했다. 초기 평가에 기초해서 중재자는 부모가 훈육 전략에 관심을 가지고 있지만 긍정적인 관계를 형성하는 것이 레니의 행동을 개선시킬 수 있다고 생각하지는 않는다는 것을 알았다. 중재자는 그들이 두 번째 치료 단계에서 더 효과적인 전략을 배울 수 있지만 훈련 단계의 기초를 형성하기 위해서 첫 단계를 완수할 필요가 있다고 했다. 많은 부모가 기술을 배우고 숙달하는 것의 어려움 때문에 행동주의 중재를 완수하지 못한다고 언급하면서 부모의 성취 지향성에 호소했다. 하지만 중재자는 부모의 성취를 강조하는 것은 아동주도 놀이에서 놀이를 더 많이 하고 과제 지향적인 행동은 덜 하도록 하는 데에 방해가 될지도 모른다고 생각되었기 때문에, 코칭하는 동안 숙달 기준을 중요시하지 않고 레니가 부모와 시간을 보내는 것을 얼마나 즐기는지 그들이 볼 수 있도록 돕는 것에 초점을 두었다. 레니가 기분이 안 좋은 날에 레니와 긍정적인 관계를 맺기 위한 전략으로 '리셋 단추를 누르는 것'을 설명하면서 아동주도 놀이를 매일 하는 것의 중요성을 강조했다.

아동주도 놀이의 처음 몇 회기를 지도할 때 중재자의 목표는 시간의 90~95% 정도 긍정적이고 반응적인 코멘트를 하는 것이었다. 중재자는 아동주도 놀이를 즐기고 있는 아이를 방해할 것 같은 양육 행동(비판과 요구)이 관찰되었을 때 부모에게 비판하고 요구하는 것의 대안(예, 그들 자신의 놀이를 설명하거나 레니의 놀이를 설명하기)을 제공하는 데에 중점을 두었다. 중재자는 부모에게 아이의 놀이를 설명하는 것이 어색할 수 있고, 많은 부모가 아이와 상호작용하는 이런 새로운 방법을 배우는 것을 어려워한다고 말하여 부모가 겪는 어려움이 일반적인 것임을 알렸다.

부모주도 놀이 코칭

회피 관계에서 부모주도 놀이를 코칭할 때의 목표 중 하나는 부모가 한계를 정하면서 공감을 유지하도록 돕는 것이다. 무시 마음상태의 부모는 자신도 지시 따르기에 어려움을 갖고 있음에도 불구하고 지시를 따르는 것에 대한 아이의 어려움에 대해서는 자주 화를 내거나 좌절감을 느낀다. 초기 부모주도 놀이 회기 동안에는 중재자가 부모를 벌주는 것을 최소화하고 차분하고 따뜻한 권위자의 경험을 갖게 해 주는 것이 중요하다.

❏ 결론

부모 코칭에 있어 회피 관계 및 무시 마음상태의 부모와 관계를 맺는 것은 어려울 수 있다. 아동주도 놀이는 이런 관계에서 특히 중요하지만, 그 관계에 있는 이들에게는 놀이나 부드러운 감정의 나눔을 통해 관계를 개선하는 것이 낯선 일이다. 중재자가 부모에게 긍정적이고 진실하며 인간적이 되면 부모는 상호작용에 대한 자신의 관점을 되돌아볼 것이다.

참고문헌

Ablow, J., Marks, A., Feldman, S., & Huffman, L. (2013). Associations between first-time expectant women's representations of attachment and their physiological reactivity to infant cry. *Child Development, 84*(4), 1373-1391.

Ainsworth, M., Blehar, M., Waters, E., & Wall, S. (1978). *Patterns of attachment: A psychological study of the strange situation*. Hillsdale: Erlbaum.

Bakermans-Kranenburg, M., & van Ijzendoorn, M. (2009). The first 10,000 adult attachment interviews: distributions of adult attachment representations in clinical and non-clinical groups. *Attachment & Human Development, 11*(3), 223-263.

Barnett, M., Niec, L., & Acevedo-Polakovich, I. (2014). Assessing the key to effective coaching in parent-child interaction therapy: The therapist-parent interaction coding system. *Journal of Psychopathology and Behavioral Assessment, 36*, 211-223.

Bollas, C. (1987). *The shadow of the object: Psychoanalysis of the unthought known*. New York: Columbia University Press.

Booth-LaForce, C., & Roisman, G. (2014). The adult attachment interview: Psychometrics, stability and change from infancy, and develpmental origins. *Monographs of the Society for Research in Child Development, 79*(3), 1-185.

Caspers, K., Yucuis, R., Troutman, B., Arndt, S., & Langbehn, D. (2007). A sibling adoption study of adult attachment: The influence of shared environment on attachment state of mind. *Attachment & Human Development, 9*(4), 375-391.

Cassidy, J., & Marvin, R. (1992). *Attachment organization in three and four year olds: Procedures and coding manual.* University of Virginia.

Cassidy, J., Woodhouse, S., Sherman, L., Stupica, B., & Lejuez, C. W. (2011). Enhancing infant attachment security: An examination of treatment efficacy and differential susceptibility. *Development and Psychopathology, 23,* 131-148.

Cicchetti, D., Rogosch, F., & Toth, S. (2006). Fostering secure attachment in infants in maltreating families through preventive interventions. *Development and Psychopathology, 18,* 623-649.

Dozier, M., Lomax, L., Tyrrell, C., & Lee, S. (2001a). The challenge of treatment for clients with dismissing states of mind. *Attachment & Human Development, 3*(1), 62-76.

Dozier, M., Stoval, K. C., Albus, K. E., & Bates, B. (2001b). Attachment for infants in foster care: The role of caregiver state of mind. *Child Development, 72*(5), 1467-1477.

Erickson, M., Korfmacher, J., & Egeland, B. (1992). Attachments past and present: Implications for therapeutic intervention with mother-infant dyads. *Development and Psychopathology, 4,* 495-507.

Fernandez, M., & Eyberg, S. (2009). Predicting treatment and follow-up attrition in parent-child interaction therapy. *Journal of Abnormal Child Psychology, 37,* 431-441.

Greenberg, M., Speltz, M., DeKlyen, M., & Endriga, M. (1991). Attachment security in preschoolers with and without externalizing behavior problems: A replication. *Development and Psychopathology, 3,* 413-430.

Haft, W., & Slade, A. (1989). Affect attunement and maternal attachment: A pilot study. *Infant Mental Health Journal, 10*(3), 157-172.

Hoffman, K., Marvin, R., Cooper, G., & Powell, B. (2006). Changing toddlers' and preschoolers' attachment classifications: The circle of security intervention. *Journal of Consulting and Clinical Psychology, 74,* 1017-1026.

Kochanska, G., & Kim, S. (2013). Early attachment organization with both parents and future behavior problems: From infancy to middle childhood. *Child Development, 84*(1), 283-296.

Main, M., & Goldwyn, R. (1998). *Adult attachment scoring and classification system.* Berkeley: University of California.

Moss, E., Cyr, C., & Dubois-Comtois, K. (2004). Attachment at early school age and developmental risk: Examining family contexts and behavior problems of controlling-caregiving, controlling-punitive, and behaviorally disorganized children. *Developmental Psychology, 40*(4), 519-532.

Moss, E., Dubois-Comtois, K., Cyr, C., St-Laurent, D., & Bernier, A. (2011). Efficacy of a homevisiting intervention aimed at improving maternal sensitivity, child attachment, and behavioral outcomes for maltreated children: A randomized control trial. *Development and Psychopathology, 23,* 195-210.

Nietzsche, F. (1888). *Twilight of the idols or how to philosophize with a hammer* (D. F. Ferrer, Trans.). https://archive.org/details/TwilightOfTheIdolsOrHowToPhilosophizeWithAHammer. Accesed 1 Sept 2014.

Routh, C., Hill, J., Steele, H., Elliott, C., & Dewey, M. (1995). Maternal attachment status, psychosocial stressors and problem behaviour: Follow-up after parent training courses for conduct disorder. *Journal of Child Psychology and Psychiatry, 36*(7), 1179-1198.

Seskin, L., Feliciano, E., Tippy, G., Yedloutschnig, R., Sossin, K., & Yasik, A. (2010). Attachment and autism: Parental attachment representations and relational behaviors in the parent-child dyad *Journal of Abnormal Child Psychology, 38,* 949-960.

Speltz, M., Greenberg, M., & DeKlyen, M. (1990). Attachment in preschoolers with disruptive behavior: A comparison of clinic-referred and nonproblem children. *Development and Psychopathology, 2,* 31-46.

Speltz, M., DeKlyen, M., Greenberg, M., & Dryden, M. (1995). Clinic referral for oppositional defiant disorder: Relative significance of attachment and behavioral variables. *Journal of Abnormal Child Psychology, 23*(4), 487–507.

Steele, H., & Steele, M. (2008). *Clinical applications of the adult attachment interview.* New York: Guilford.

Steele, M., Hodges, J., Kaniuk, J., Steele, H., Hillman, S., & Asquith, K. (2008). Forecasting outcomes in previously maltreated children: The use of the AAI in a longitudinal adoption study. In H. Steele & M. Steele (Eds.), *Clinical applications of the adult attachment interview.* New York: Guilford.

Talia, A., Daniel, S., Miller-Bottome, M., Brambilla, D., Miccoli, D., Safran, J., & Lingiardi, V. (2014). AAI predicts patients' in-session interpersonal behavior and discourse: A "move to the level of the relation" for attachment-informed *Attachment & Human Development, 16*(2), 192–209.

Toth, S., Rogosch, F., Manly, J., & Cicchetti, D. (2006). The efficacy of toddler-parent psychotherapy to reorganize attachment in the young offspring of mothers with major depressive disorder: A randomized preventive trial. *Journal of Consulting and Clinical Psychology, 74,* 1006–1016.

van den Boom, D. (1988). *Neonatal irritability and the development of attachment: Observation and intervention.* (dissertation), University of Leiden.

van den Boom, D. (1989). Neonatal irritability and the development of attachment. In G. Kohnstamm, J. Bates, & M. Rothbart (Eds.), *Temperament in childhood* (pp. 299–314). Hoboken: Wiley.

van den Boom, D. (1994). The influence of temperament and mothering on attachment and exploration: An experimental manipulation of sensitive responsiveness among lower-class mothers with irritable infants. *Child Development, 65,* 1457–1477.

van Ijzendoorn, M., Schuengel, C., & Bakermans-Kranenberg, M. (1999). Disorganized attachment in early childhood: Meta-analysis of precursors, concomitants, and sequelae. *Development and Psychopathology, 11,* 225–249.

제8장

난민처럼

사랑하는 마음은 난민처럼 찾아와
당신의 진정한 호의를 잊어 버린다.
모든 것에는 틈이 있다.
그것이 빛이 들어오는 창구이다.
(Cohen, 1992)

다섯 살 된 앤디[1]의 엄마를 향한 공격성, 학교와 집에서의 불순종, 그리고 엄마인 웬디의 부족한 양육 기술, 기준을 정하지 못하는 것 등의 문제 때문에 이들은 복지부(Department of Human Services: DHS)에 의해 의뢰되었다. 앤디의 부모인 웬디와 모리스가 부부싸움으로 경찰에 신고되었고, 그 후 복지부 직원이 앤디의 가족에게 관여하게 된 것이다.

초기 면담에서 웬디는 앤디가 분노를 잘 조절할 수 있도록 그리고 '아빠처럼 자라지 않도록' 개별 놀이치료를 해 줄 것을 요청했다. 웬디는 앤디의 아빠인 모리스가 현재 자신과의 접촉 금지 명령을 받고 있

---

1) 이 글은 혼란 관계와 미해결 마음상태의 부모를 설명하기 위해 작성된 가상의 글이다.

지만, 그는 곧 감독하에 앤디를 방문할 수 있는 허가를 받을 것이라고 했다. 웬디는 현재 우울증과 외상후 스트레스 장애 때문에 치료 중이라고 했고, 놀이치료가 앤디의 애착 트라우마를 다룰 수 있는 가장 좋은 방법이라고 중재자가 말했다고 했다. 초기 면담 후반에 웬디는 중재자가 몇 달 전에 앤디를 위해 놀이치료를 추천했지만, 너무 바빠서 일정을 잡지 못했다고 했다. 면담 후반에 중재자가 앤디와의 관계를 개선하기 위한 부모 코칭에 참여할 의지가 있는지 묻자, 웬디는 '남자한테 휘둘리지 않는' 방법을 배우는 데 관심이 있다고 말했다. 웬디는 앤디가 놀이치료사를 만나기 원하지만, 복지부가 요구한 두 가지 약속 모두에 앤디를 데리고 갈 시간이 있을지 확신할 수 없다고 했다. 웬디는 앤디가 주의력결핍 과잉행동장애(ADHD) 평가도 받아 보길 원했다. 웬디는 앤디가 유치원에서 어려움이 있고, 선생님이 앤디가 ADHD를 가지고 있다고 말했다고 했다. 웬디는 앤디의 중재자가 자신의 중재자, 복지부 직원 그리고 앤디의 선생님과 이야기하는 것에 동의했다.

초기 엄마-아동 관찰에서 앤디와 엄마는 방으로 들어와서 바닥에 있는 거품 블록 상자 옆에 앉았다. 앤디는 탑을 쌓기 시작했다. 엄마는 블록을 집어 그것을 탑 위에 올려놓았다. 앤디는 "아니야, 그건 거기에 가면 안 돼."라고 말했다. 그는 블록을 떼서 던졌다. 엄마는 "얌전히 놀아야지. 블록을 던지지 마라."라고 했다.

앤디는 탑을 무너뜨리고 반항적으로 엄마를 쳐다보았다. 그들은 웬디가 방에서 나가라는 신호를 받을 때까지 탑과 앤디의 행동에 대해 계속 논쟁했다. 방에서 나오라는 신호가 왔을 때, 엄마는 앤디에게 자신이 나가야 한다고 말했다. 앤디는 징징대면서 "왜요? 나는 엄마가 여기서 나와 같이 놀면 좋겠어요."라고 했다. 웬디는 "내가 나가야만 한다고 중재자가 말했기 때문이야."라고 말하고 방에서 나왔다. 앤디가 문을 열었지만 중재자가 앤디에게 방에 있어야 하고 엄마는 곧 돌아올 거라고 하자 앤디는 블록 옆에 앉았다. 앤디는 계속 무언가를 만들었지만 무기력하고 집중하지 못했다. 웬디가 돌아오자 앤디는 엄마에게 자기 옆에 앉으라고 요구했다. 앤디는 계속 두목 행세를 하면서 요구했고 엄마가 자기 요구를 즉각적으로 따르지 않으면 때때로 "지금 당장 해, 이 여자야."라고 했다. 중재자는 다음 분리 시간이 다가올수록 긴장감이 점점 높아지는 것을 느꼈고, 엄마가 나온 후에 앤디는 방에 있어야 한다고 말해 주기 위해서 문 가까이 갔다. 웬디에게 다시 나오라는 신호를 주었을 때, 그녀가 방을 떠나는 것에 대해 웬디와 앤디 사이에 길고 지루한 논쟁이 있었다. 앤디는 이번에는 방에서 나가지 않았지만 엄마가 돌아올 때까지 문을 바라보면서 앉아 있었다. 엄마가 돌아오자 어디에 갔었냐고 화를 내면서 계속 닦달했다.

아동주도 놀이도 비슷한 양상으로 계속되었는데, 앤디는 웬디에게 무엇을 하라고 하고 그녀는 앤디에게 "얌전히 해라." "좋게 행동해라." "내게 소리 지르지 마라."라고 소리쳤다. 중재자는 이어질 표준화 상황인 부모주도 놀이가 두려워졌다. 웬디는 앤디에게 엄마의 주도를 따르라고 도전적으로 말했다. "너는 지금 내가 가지고 놀기 원하는 것을 갖고 놀아야 해. 나는 네가 인형 집을 갖고 놀도록 할 거야." 예측대로 앤디는 거절했다. 그러자 엄마는 방법을 바꿔서 엄마와 같이 인형을 갖고 놀자고 애원하기 시작했다. 장난감을 정리하라고 하자 앤디는 블록 하나를 집어서 엄마 머리 근처로 던졌다. 그러자 웬디는 당황하여 일방경을 보면서 "내가 어떻게 해야 하죠?"라고 물었다. 중재자는 곧바로 방으로 들어와서 말했다. "오늘 여기에 장난감을 너무 많이 둔 것 같아! 정리해야 할 게 너무 많네!" 그녀는 이 짧은 틈을 이용해서 웬디에게 장난감을 정리하는 것은 신경 쓰지 말라고 했다. 중재자는 탑의 남은 부분에 집중하면서 그것이 얼마나 큰지 감탄하며 말했다. 그녀는 다른 장난감들은 계속 정리했지만 탑은 그대로 두었다. 그러고는 앤디에게 다음에 놀러 올 때 틀림없이 블록이 있을 것이라고 했다. 중재자는 웬디에게 앤디를 관찰하는 것은 유익했고 자신은 그들이 잘 지낼 수 있도록 돕기를 원한다고 했다.

중재자가 문신을 아주 많이 한 근육질의 앤디 아빠 모리스를 대기실에서 봤을 때 가능하다면 언제든지 중재에 아빠를 포함시키려 했던 자신의 목표가 맞는 것인지 잠시 혼란스러웠다. 모리스는 아주 예민한 상태인 것처럼 보였다. 대기실을 떠나기 전에 모리스는 변호사를 통해 그에게 적용된 '날조된' 고발에 대해 시를 고소하고 자신의 인생에서 복지부를 제거할 계획이라고 중재자에게 이야기했다. 중재자는 일단 모리스에게 앤디의 치료를 상의하기 위해 와 줘서 고맙다고 했다. 그녀는 비록 앤디가 복지부에 의해 의뢰되었지만, 앤디의 치료에 모리스가 참여한 것은 자발적인 것임을 분명히 했다. 오늘 만남의 목적은 앤디에 대한 모리스의 걱정과, 앤디를 도울 방법을 더 잘 이해하기 위해 가족력에 대한 정보를 얻기 위함이라고 했다. 오늘 회기가 끝날 때쯤 앞으로의 측정과 중재에 모리스가 참여하길 원하는지 아닌지에 대해 이야기할 수 있다고 했다.

모리스는 약간 안정이 되는 것 같았고 그가 얼마나 자신의 '작은 녀석'을 그리워하는지에 대해 감동적으로 말했다. 중재자는 편안해졌고 앤디가 어릴 적에 엄마를 공포에 몰아넣고 그녀의 물건을 거의 다 부숴 버렸다는 이야기를 들으면서 살짝 웃었다. 모리스는 앤디가 학교에서 어려움을 겪고 있어서 걱정이라고 했다. 앤디가 똑똑하다고 생각하며 대학에 가길 원하지만 앤디는 적응하는 것과 선생님과 잘 지내는 것을 배워야 한다고 했다. 가족력에 관한 질문을 받았을 때, 모리스는 부모의 약물 남용 때문에 일련의 손실을 입었으며 위탁 양육에 배치되었던 것을 말했다. 한 위탁 가정에서는 허리띠로 맞았다고 했다. 위탁 아빠에게 자신이 '골칫덩이'였기 때문에 맞을 만했다고 하면서 그것은 자신을 더 강하게 만들었고 진짜 세상을 위해 그를 준비시켰다고 말했다. 인터뷰가 끝날 즈음, 모리스는 중재자가 '복지부와 아이 엄마에게 이야기할 수 있다면' 앤디와의 상호작용 관찰을 위해 또 다른 약속을 잡는 것에 동의한다고 했다.

앤디의 부모 사이에는 접촉 금지 명령이 있었기 때문에 복지부 직원이 앤디를 아빠와 함께 평가하도록 데려다 주었다. 중재자가 대기실에 들어오자, 앤디는 그날 학교에서 있었던 일을 아빠에게 즐겁게 이야기하고 있었다. 중재자가 대기실로 들어가 앤디와 아빠에게 인사를 하자 앤디는 아빠 손을 잡아당기면서 "선생님은 멋진 장난감들을 갖고 있어요!"라고 말했다. 그들이 놀이방에 들어갔을 때 모리스는 앤디에게 일방경을 가리키면서 "저기서 우리를 볼 거예요."라고 말했다. 중재자는 송신기를 모리스에게 주면서 각각의 다른 상황에서 무엇을 해야 하는지 알려 주겠다고 했다. 앤디는 주차장으로 가서 아빠에게 "나랑 차를 갖고 놀래요?"라고 물었다. 모리스는 주차장 램프와 차가 들어 있는 상자 근처에 앉았다. 모리스는 앤디에게 색깔에 대해 묻고 앤디가 주차장 램프 아래로 차를 경주시키는 것을 따라 차를 만들었다. 모리스에게 방에서 나오라는 신호가 왔을 때, 그는 "조금 이따가 봐, 친구."라고 말하고는 나왔다. 앤디는 계속 차를 갖고 놀았다. 거칠게 경주하던 차가 램프 아래로 빠져서 차 사고가 났는데 그때 중재자는 앤디와 엄마와의 상호작용을 떠올렸고, 이런 경우에 엄마는 무슨 장난감을 선택했을까 생각했다. 모리스가 5분간 분리된 후에 돌아왔을 때, 앤디는 아빠에게 어지스러운 웃음을 지어 보이면서 "아, 아빠가 돌아왔네!"라고 말했다. 모리스는 램프와 자동차 근처 앤디 옆에 앉았다. 앤디는 갑자기 일어나서 블록이 있는 곳으로 이동하면서 "나는 자동차를 수리할 수 있는 정비소를 만들어야 해요."라고 말했다. 모리스는 앤디가 블록을 가지고 만드는 동안 최근 자기 차의 문제를 말했다. 앤디는 5분 동안 조용하게 정비소를 계속 만들었다. 모리스에게 다시 방에서 나오라는 신호가 왔을 때, 그는 앤디에게 "여기에 있어."라고 말하고는 나왔다. 앤디는 5분의 분리 시간 동안 계속 정교하고 주의 깊게 균형 잡힌 구조물을 만들었다. 중재자는 앤디가 엄마와의 관찰 동안 이런 수준의 집중력을 보였는지 놀라웠다. 앤디는 아빠가 문을 열었을 때 문을 등지고 있었다. 앤디는 놀라서 뒤를 돌아보고는 "아빠 보세요! 내가 성을 만들었어요!"라고 말했다. 아빠는 앤디가 만든 성 옆에 앉아서 그것을 밀어 넘어뜨리는 척했다. 그러면서 장난치듯이 "내가 이 성을 밀어 넘어뜨린다면 너는 정말 화가 나겠지?"라고 말했다. 앤디는 "괜찮아요. 아빠가 원하면 넘어뜨려도 돼요."라고 말했다. "블록 놀이는 다 했어요." 앤디는 일어나 장난감 금전 등록기로 가서 가끔 아빠를 흘깃 보면서 식료품을 스캔하기 시작했다. 모리스에게 앤디가 원하는 놀이를 선택하도록 하고 그의 주도를 따르라고 하자, 그는 앤디에게 "무엇을 가지고 놀고 싶니, 친구?"라고 하며 "내가 성을 부수면 그것을 다시 만들래?"라고 말했다. 앤디는 잠시 아래를 보다가 "나는 식료품 가게 놀이를 할래요."라고 말했다. 모리스가 "그래, 어떻게 노는 거야?"라고 묻자, 앤디는 식료품 가게의 규칙을 설명하고, 모리스에게 자기가 스캔해서 소리가 나도록 물건을 건네 달라고 했다. 5분 후에 중재자는 모리스에게 부모주도 놀이로 전환하라고 했다. "나는 이제 폭파 놀이를 할 거야." 모리스는 블록을 부수고 앤디에게 파괴 놀이 프로젝트를 같이 하자고 초청했다. 중재자는 어깨에 긴장감을 느꼈고 모리스가 좀 전에 앤디의 탑을 부수는 척했을 때부터 모리스가 그것을 부수는 것의 기대와 두려움 둘 다를 가지고 있다는 것을 알았다. 모리스는 앤디에게 새로운 성을 만들라고 했다. 앤디는 즉각 새로운 성을 만들기 시작했고 신중하게 블록을 골랐다. 5분이 지났을 때 앤디는 다른 멋진 구조물을 만들었고, 중재자는 모리스에게 장난감을 정리하라는 지시를 주면서 앤디에게 미안한 마음이 들었다. 앤디는 아빠의 명령을 따랐고, '파괴 프로젝트'를 하는 동안 방의 구석까지 날아간 블록을 줍기 위해 방을 돌아다녔다.

❏ 혼란 애착

이 장의 서두에 묘사된 가상의 가족에서 부모와 아이의 트라우마, 엄마의 우울증 그리고 아이의 통제 행동은 **혼란/통제 애착** 그리고 미해결과 일치한다. 혼란/통제 애착을 가진 관계는 애착 관계를 유지하기 위해 어렵고 고통스러운 타협(대개는 의식 밖에서 일어난)을 해왔다. 앞서 기술된 관계와 비슷한 관계를 상담하면, 중재자는 간혹 아이가 '애착이 형성되지 않은' 것이 아니냐고 의문을 가질 수도 있다. 그것은 절대 사실이 아니다. 왜냐하면 아이는 주 양육자에게 애착을 형성하고 있고, 문제가 많은 상호작용의 패턴을 발달시켜 왔지만 그런 애착을 유지하는 데 절박하기 때문이다. 아이는 믿을 만한 은신처와 안전기지를 제공해 주지 못하는 양육자와의 관계를 유지하기 위해 최선을 다한다. 혼란 애착 관계에서는 보통 두 번째 애착 패턴을 확인하는 것이 가능하다[즉, 안정(B), 회피성(A), 양가적/저항(C)]. 혼란으로 분류되는 관계는 2차 분류가 안정적이더라도 불안정한 관계로 간주된다.[2] 혼란 관계에서 나타난 가장 일반적인 2차 분류는 양가적/저항(46%)이다(van Ijzendoorn et al., 1999).

혼란/미해결 관계에 대한 부모 코칭은 만만찮고 불안을 일으키며 종종

---

2) 혼란/안정 애착으로 분류되는 관계는 불안정 애착을 형성한 것으로 간주되는데 이는 다소 애매한 측면이 있으며, Lyons-Ruth와 Spielman(2004)은 이 집단을 혼란-접근이라고 하였다.

맥빠지게 한다. 그러면서도 가장 보람 있는 일 가운데 하나이다. 고통스
럽고 깨어진 과거에서 벗어나 더 건강한 관계로 발전하는 부모와 아이의
용기를 목격하는 것은 큰 특권이다.

　나는 혼란 애착을 흐린 망원경이라고 생각하게 되었다. 그것은 2차 패
턴의 양상을 확대시키기도 하고 모호하게도 만든다. 앤디와 웬디 사이의
애착 관계는 혼란/통제인데, 이것은 2차 분류인 양가성/저항과 함께 어려
운 관계이다. 양가성/저항 애착의 특징인 양면성과 저항은 확대된 반면,
앤디의 불안은 그의 통제적인 행동 때문에 모호하게 보인다. 앤디와 모
리스 사이의 애착 관계는 혼란/통제이며 모리스는 2차 분류인 회피로 양
육하고 있다. 부모의 동의를 구하는 어린아이의 성향은 확대된 반면, 고

〈표 8-1〉 낯선 상황 절차에서 영아-부모 혼란 애착의 특징

행동	예
모순적 행동 패턴을 연속적으로 보여 줌.	분리 동안에는 부모를 찾아 울지만 재회에서는 부모로부터 돌아서 멀리 떨어진다.
모순적 행동 패턴을 동시적으로 보여 줌.	아이는 멀리 떨어지거나 가구 뒤에 숨어서 부모를 피하는 동안에도 운다.
목표가 불분명한, 잘못 지시된, 불완전한, 중단된 동작 또는 표현	아이는 부모를 찾기 시작하지만 웅크린 자세로 엎드린다.
상동행동, 불균형적인 동작, 때를 놓치는 행동, 그리고 변칙적인 자세	아이는 부모 앞에서 머리카락을 꼬는 행동을 하지만 부모로부터 위안을 찾지 않는다.
얼어붙은, 정지되고 느린 행동과 표현	아이가 우는 도중에 갑자기 울음을 멈추고 30초 동안 움직이지 않다가 멍하게 있다.
부모에 관해 직접적인 불안 표현	부모가 들어올 때 아이는 두려워하면서 뒤로 획 움직인다.
혼란 또는 혼미 표현	부모가 들어올 때 아이는 팔을 들고 낯선 사람에게 다가간다.

출처: Main & Solomon (1990).

통스러울 때 아빠를 외면하는 앤디의 성향은 아빠를 즐겁게 해 주고 맞춰 주고 싶은 그의 성향 때문에 모호하게 되었다. 두 행동 모두 아빠와의 관계에 대한 불안이 관련되면서 애착 관계를 유지하고자 하는 앤디의 욕구를 보여 준다. 앤디의 아빠와의 상호작용에 대한 해석은 가정 폭력 사건 후에 그들 사이의 접촉이 줄었기 때문에 좀 더 복잡하다.

낯선 상황 절차에서 12~18개월 때 혼란 애착으로 평가된 아이는 2~9세 때 집과 학교에서 공격적·반항적·파괴적 행동을 나타내는 것으로 알려져 있다. 7세 때에는 부족한 사회적·인지적 발달, 8.5세 때에는 심리적 외상후 스트레스 장애의 증상, 그리고 28세 때에는 경계선 성격 장애 증상과 관련이 있다(Calson et al., 2009; MacDonald, 2008; Madigan et al., 2007; Munson et al., 2001; Smeekens et al., 2007; Stams et al., 2002; van Ijzendoorn et al., 1999). 영아의 지역사회 표본에서 혼란 애착 비율은 약 15%이다(van Ijzendoorn et al., 1999). 산후우울증을 가진 엄마에게서는 그 비율이 2배 이상 높다(30~40%; Troutman & Momany, 2012). 학대하는 양육자나 학대 위험으로 확인된 관계에서는 50~90%이다(Bernard et al., 2012; Cicchetti et al., 2006; Moss et al., 2011).

☐ 혼란 애착과 관련된 양육 행동

혼란 애착에 관한 초기 연구는 '해결 없는 두려움'에 중점을 두었다. 예를 들면, 위로와 보호를 해 줄 것으로 믿었던 사람이 오히려 해롭게 하고 놀라게 했을 때 생기는 해결할 수 없는 딜레마와 같은 것이다(Hesse & Main, 2000). 이후의 연구는 혼란 애착과 관련된 많은 다른 양육 행동을 확인했는데, 〈표 8-2〉에 요약되어 있다.

유아기 동안의 혼란 애착 관계에 대한 연구에 의하면 이런 관계 중 많

〈표 8-2〉 혼란 애착과 관련된 양육 행동

행동	예
경쟁적 또는 모순적인 양육 전략	"당장 울음을 그치지 못해!"라고 말하면서 우는 아기의 등을 부드럽게 문지른다.
아이의 두려움을 달래지 못함.	개가 방에 들어온다. 아이는 울기 시작하고, 엄마를 향해 돌아서서 팔을 들어 올린다. 엄마는 "계집애처럼 굴지 마."라고 하면서 아이를 밀어 버린다.
애정 소통의 실수	아이는 울기 시작하는데 엄마는 웃는다.
아이의 자기조절 방해	아이가 안절부절 못하면서 손을 빨기 시작한다. 엄마는 아이의 입에서 손을 빼내며 "손 빨지 마." 라고 말한다. 아이가 흥분하며 울부짖는다.
아이를 두렵게 함.	아빠가 으르렁거리며 갑자기 아이 위로 덮친다. 아이는 아빠를 때리고 비명을 지른다.

출처: Beebe et al. (2010); Hesse & Main (2000); Lyons-Ruth & Spielman (2004); Madigan et al. (2007).

〈표 8-3〉 수정된 낯선 환경 절차에서 취학전 아동-부모의 혼란-통제 애착 특징

혼란(D)	재회 시간 동안 아이는 기대되는 다음 행동의 무질서, 불완전하거나 목표가 없는 움직임, 혼란 또는 불안, 멍하거나 혼란스러운 표현, 우울한 감정을 보인다.
혼란-통제(D)	재회 시간 동안 아이는 상호작용을 장악한다.
통제-양육	재회 시간 동안 아이는 부모를 도와주거나 즐겁게 함으로써 부모를 통제한다. 아이는 부모가 돌아온 것에 대해 매우 흥분하는 것처럼 보인다. 아이는 매우 쾌활하게 또는 과도하게 밝게 행동한다.
통제-징벌	재회 시간 동안 아이는 가혹한 또는 적대적인 행동을 함으로써 부모를 통제한다. 아이는 부모에게 대답하지 않거나 같이 노는 것을 거부할 수도 있다.

출처: Cassidy & Marvin (1992).

은 경우가 애착의 통제 패턴으로 발전한다(Heese & Main, 2000). 아이는 '해결 없는 두려움'의 딜레마를 부모와의 관계에서 벌하거나 양육하는 방식의 주도권을 잡음으로써 해결하는 것으로 보인다. 취학전 아동의 혼란 애착과 불안정 혼란-통제 애착의 특징은 〈표 8-3〉에 제시되어 있다.

지역사회 표본에서 약 15%의 취학전 아동이 보호자와의 혼란 또는 혼란-통제 애착 패턴을 나타냈다(Greenberg et al., 1991; Moss et al., 2004; Speltz et al., 1999; Speltz et al., 1990). 이 비율은 우울한 엄마를 둔 취학전 아동(약 40%; Toth et al., 2006)과 파괴적 행동을 가진 취학전 아동(Greenberg et al., 1991; Speltz et al., 1999; Speltz et al., 1990)에게서 상당히 높다. 학대 위험으로 확인된 관계의 약 50%가 혼란 애착 관계를 나타냈다(Bernard et al., 2012; Moss et al., 2011).

❑ 혼란/통제 애착을 위한 중재

〈표 8-4〉에서 보듯이 애착이론에 근거한 몇몇 중재에서는 **혼란/통제 애착**의 감소를 보였다. 이런 중재는 민감한 반응은 증가시키고 혼란 양육 행동은 감소시키는 것을 강조한다. 몇몇 중재는 민감한 반응을 강화하고 혼란을 주는 행동을 되짚어 보도록 비디오 피드백을 사용한다(〈표 8-5〉 참조).

❑ 미해결/혼란 마음상태의 특징

혼란/통제 애착과 관련된 성인 애착 인터뷰(AAI)에서의 마음상태는 미해결(혼란/비지향, u/d)이다(Main & Goldwyn, 1998; Steele & Steele, 2008).

〈표 8-4〉 중재 연구 중 혼란 및 혼란/통제 애착의 비율

집단	모델	혼란/통제 애착 비율	중단율	문헌
학대 가정의 영아(미국) N=137	영아-부모/아동-부모 심리치료(CPP) (가정 내)	사전 CPP: 88%	CPP: 12% NFP: 8% CS: 33%	Cicchetti et al., 2006
		사후 CPP: 32%		
	보모-가족 파트너십 (NFP)	사전 NEF: 83%		
		사후 NFP: 46%		
	지역사회 서비스(CS)	사전 CS: 93%		
		사후 CS: 78%		
산후 주요우울장애가 있는 엄마를 둔 영유아 (미국) N=130	영아-부모/아동-부모 심리치료(CPP)	사전 CPP: 38%	CPP: 30% TAU: 13%	Toth et al., 2006
		사후 CPP: 11%		
	통제(Con)	사전 Con: 41%		
		사후 Con: 41%		
헤드스타트 위험 집단과 조기 헤드스타트 집단(미국) N=65	안전서클(COS)	사전 COS: 60%	0%	Hoffman et al., 2006
		사후 COS: 25%		
경제적으로 어려운 가정에 첫째로 태어난, 까다로운 영아(미국) N=220	안전서클—가정 방문-4중재(COS-HV4)	COS-HV4: 14%	COS-HV4: 5% Con: 4%	Cassidy et al., 2011
	통제(Con)	Con: 18%		

〈표 8-5〉 부모 코칭 중재 중 혼란 및 혼란/통제 애착의 비율

집단	모델	혼란/통제 애착 비율	중단율	문헌
낮은 사회경제적 지위의 가정에서 첫째로 태어난, 까다로운 영아(네덜란드) N=12개월 100, 18개월 82	기술 기반 중재(SBI) 통제(Con)	12개월 사후 SBI: 8% 사후 Con: 12% 18개월 사후 SBI: 7% 사후 Con: 10%	0%	van den Boom, 1994

입양 영아(네덜란드) N=98	긍정적 양육 촉진을 위한 비디오 피드백 중재(VIPP)	사후 VIPP: 6% 사후 Con: 22%	0%	Juffer et al., 2005
학대받은 영아와 취학 전 아동(캐나다) N=66	관계중재 프로그램 (RIP) 지역사회 서비스 (CS)	사전 RIP: 54% 사후 RIP: 20% 사전 CS: 50% 사후 CS: 56%	RIP: 7% CS: 15%	Moss et al., 2011
학대 위험의 영아와 유 아(미국)N-120	애착과 생물행동적 캐치업(ABC) 가족을 위한 발달 교 육(DEF)	사후 ABC: 32% 사후 DEF: 57%	0%	Bernard et al., 2012

AAI를 통해서 두 종류의 혼란/비지향 경험이 평가되었는데, 죽음으로 인한 중요한 관계의 상실과 애착 대상에 의한 학대이다. Bowlby는 특별하고 중요한 사람 주변에서 개인의 감정, 생각 그리고 행동을 조직화하기 때문에 애착 대상의 사망은 본질적으로 혼란, 비지향이라고 지적하였다 (Bowlby, 1969, 1980). Bowlby는 애착 대상의 사망을 받아들이고 현실에서 이런 변화에 맞추어 감정, 생각 행동을 재정립하는 것이 건강한 애도라고 정의하였다(Bowlby, 1969, 1980). AAI에서, 사랑하는 사람의 사망에 대한 극단적인 행동주의 반응과 사랑하는 이의 죽음 1년 이후에 발생하는 생각이나 담론을 회상함에 있어 착오는 미해결/혼란/비지향(u/d) 애착을 암시한다. 미해결 애착 표시의 예는 〈표 8-6〉에 나와 있다. 애착 대상에 의한 학대는 아이가 생물학적으로 위안과 보호를 찾게 되는 그 사람이 동시에 고통과 불안의 원인이 되기 때문에 본질적으로 혼란, 비지향이다. 학대에 대한 지속적인 고통, 후회 그리고 슬픔은 혼란이니 비지향으로 간주되지 않는다. 실제로 임상 관찰에서는 자신의 부모에 의한 학대와 관련된 고통과 슬픔을 기억할 수 있는 부모는 자신의 자녀를 덜 학대하였다 (Fraiberg et al., 1975).

〈표 8-6〉 AAI에서 미해결/혼란/비지향 마음상태의 특징

설명	예
상실에 대해 이야기할 때 이성적 점검의 착오	죽은 사람을 여전히 살아 있는 것처럼 말한다. 실제로는 죽음의 원인이 될 수 없었던 생각이나 행동을 죽음의 원인인 것처럼 말한다.
상실에 대해 이야기할 때 담화적 점검의 착오	사망에 대해 이야기하면서 찬미하는 말을 하거나 오랫동안 침묵을 한다.
상실에 대한 극단적 행동주의 반응 보고	상실 후에 심각한 약물 중독 문제가 시작된다. 상실 후에 자살 시도나 우울증으로 입원한다.
성공하지 못한 학대의 부인	가끔 학대를 인정하지만 평소에는 학대를 부인한다.
학대를 이야기할 때 비지향적인 발언	학대에 대해 이야기할 때 현저하게 앞뒤가 맞지 않는다.
학대자에 의해 '지배되는' 것의 두려움	신체적으로 학대하는 아버지가 자신을 장악해서 자신도 아이를 학대하지 않을까 두려워한다.

출처: Main & Goldwyn (1998); Steele & Steele (2008).

혼란 관계에 있는 대부분의 부모(53%)는 죽음, 학대, 또는 트라우마와 관련된 **미해결/혼란 마음상태**에 있다(van Ijzendoorn, 1995). 혼란 관계의 엄마는 지속적인 두려움 상태에 있는 것이다(Beebe et al., 2010). 지역사회 표본에서 미해결/혼란 상태는 6~25%의 범위이다(Bakermans-Kranenburg & van Ijzendoorn, 2009). 이 중 영아 때 입양된 성인과 위탁 엄마의 비율이 최고에 가깝다(Caspers et al., 2007; Dozier et al., 2001). 또한 아이의 품행문제를 다루기 위해 부모관리 훈련에 참여하고 자신을 위해 심리치료를 시도한 성인의 비율은 더 높다. 파괴적 행동을 보이는 아동의 부모관리 훈련에 참여한 부모를 대상으로 한 연구에서는 그들의 43%가 미해결/혼란 마음상태에 있었다(Routh et al., 1995). 아동기 학대와 관련된 외상후 스트레스 장애 때문에 치료를 시도한 부모의 72%(Stovall-McClough & Cloitre, 2003)와 경계선 성격장애 때문에 치료를 받은 부모의

32%(Levy et al., 2006)가 미해결/혼란 마음상태를 나타냈다.

❏미해결/혼란 마음상태에 관한 연구

애착이론에 기초한 양육 중재 연구에서는 AAI에서 미해결/혼란 마음상태로 분류된 엄마는 양육 과제와 관련된 문제 해결에 참여할 가능성이 적었고(21%), 위기 중재를 요청할 가능성이 높았다(42%; Korfmacher et al., 1997). 치료에 대한 위기 지향과 비슷하게, 그들은 미해결 마음상태가 아닌 엄마보다 회기에 참여하는 횟수가 적었다. 미해결 마음상태의 엄마는 다른 참가자와 건설적인 상호관계를 잘 맺지 못하고, 치료 참여에는 더 많은 걸림돌을 가지는 것으로 평가되었다. 미해결 마음상태를 가진 엄마와의 상호작용에 대해 중재자는 더 답답해하고 덜 즐거워하는 것으로 평가되었다(중재자는 엄마의 AAI 분류에 대한 정보를 받지 않았음).

❏미해결/혼란 마음상태를 위한 중재

외상후 스트레스 장애(PTSD)와 관련된 아동학대에 대해 장기 중재(Prolonged Exposure: PE) 또는 감정 및 대인관계 조절기술 훈련(Skills Training in Affective & Interpersonal Regulation: STAIR)을 받은 환자는 미해결/혼란 마음상태가 현저하게 줄어든 것으로 나타났다(Stovall-McClough & Cloitre, 2003). 폭력과 관련된 PTSD 여성에게 아이의 고통을 동세하여 노출하였을 때 엄마가 아이에게 부정적인 영향을 미치는 것이 유의미하게 감소하는 것으로 나타났다(Schechter et al., 2006). 이 연구에서 중재자는 4개의 짧은 비디오 영상(30초)—최상의 부모-아동 상호작용, 엄마와의 분리 순간, 엄마와의 재회 순간, 그리고 차선의 부모-아동 상호작용—
을 엄마와 함께 보았다. 각각의 비디오 영상을 본 후에 중재자는 엄마가
상호작용에 대해 생각해 볼 수 있도록 고안된 질문을 했다(예, "무슨 일이
있었는지 말해 주세요." "그때 당신의 느낌은 어땠나요?" "그 순간을 나와 함께
보고 있을 때 어떤 느낌이 들었나요?"; Schechter et al., 2006). 이런 결과를 참
고로 나는 혼란 관계에 있는 부모를 코칭할 때 ① 새로운 패턴의 상호작
용을 배우게 하고, ② 이전의 행동 패턴을 유발할 수 있는 불안/스트레스
상황에 부모와 아이 모두를 서서히 노출시킴으로써 새로운 패턴의 상호
작용을 유지하도록 하였다.

　전이중심 심리치료(Transference Focused Psychotherapy: TFP), 변증
법적 행동치료(Dialectial Behavior Therapy: DBT), 또는 지원 심리치료
(Supportive Psychotherapy: SPT)를 일 년 동안 받은 경계선 성격장애 환
자는 미해결/혼란 마음상태에 어떤 변화도 가져오지 못했다(Levy et al.,
2006).

❏ 임상 관찰과 추천

역전이

　혼란 관계의 부모와 아이 모두에게 역전이 반응은 유령의 집의 거울과
같을 수 있다. 이런 관계에 있는 양자에게 우리의 정서적·행동적 반응
은 왜곡되고 극단적인 것이 될 수 있다. 예를 들면, 부모의 마음상태를 통
해 아이를 보는, 즉 부모를 '괴롭히는' 4세 아동을 보고 있는 중재자 자신
을 발견하게 된다. 또한 아이의 마음상태를 통해 부모를 보는, 즉 부모를
'야비하고' '두려우며' 또는 '무능하게' 보는 중재자 자신을 발견하게 된다.

　　나는 혼란 양육 행동을 관찰하는 것이 곁눈질로 무언가를 보는 것이라고 생각한다. 부모가 아이를 일부러 위협하거나 아이의 고통에 웃는 것을 볼 때, 나는 처음 몇 번은 너무 놀라고 당황스러워 실제로 외면했다. 어떤 행동은 너무 빨리 일어나서 내가 못 볼 때가 있는데, 그럴 때는 내가 정말 관찰한 것이 무엇인지 분명히 알기 위해서 비디오를 돌려 본다.

혼란/통제 애착을 가진 부모, 아이와 일하는 방법

　　혼란 애착 관계에 있는 부모와 아이는 모두 고통을 다루거나 고통을 다루기 위해 타인에게 도움을 구하는 것에 대해 어려움을 갖는다. 따라서 혼란 애착과 미해결/혼란 마음상태를 가진 사람과 일할 때 명심해야 할 가장 중요한 것은 불안의 역할이다. 나는 가끔 훈련생들에게 불안은 전염성이 강하고, 중재자에게 가장 큰 불안과 스트레스를 주는 가정이 바로 이런 관계에 있는 가정이라고 말한다. 혼란 애착과 미해결 마음상태에서 불안의 역할과 노출에 대한 개선을 고민하면서, 나는 불안에 서서히 노출되는 통제된 노출 접근법을 적용하였다. 비록 어린아이가 엄마를 욕하거나 엄마가 아이를 일부러 놀리거나 위협하는 것을 목격할 때 불안의 역할을 기억하는 것은 어렵지만, 이런 극단적 행동은 불안에 대한 전형적인 암시이다. 이런 관계를 가진 부모, 아이와 일할 때 나의 첫 번째 목표는 치료실을 안전한 장소로 만드는 것이다. 치료실을 그들 삶의 전쟁으로부터 잠시 숨을 돌릴 수 있는 공간으로 생각하도록 한다.

　　AAI에서 미해결 마음상태는 그 사람이 애착과 관련된 상실이나 정신적 트라우마를 이야기하기 전까지는 잘 드러나지 않는다. 유사하게, 미해결 마음상태는 부모 코칭에서도 즉각적으로 분명하게 잘 드러나지 않는다. 이 마음상태는 거의 모든 영역에서 매우 유능함을 보이는 부모에게서 가장 놓치기 쉽다. 이런 부모에게서 그들의 아이에 대한 인식에 영향을 주는 미해결의 작은 단서라도 잡아야 한다는 것이 큰 압박이 될 수 있다. 미해결 마음상태의 부모는 기능 면에서 좀 더 전반적이며, 부모의 마음상태가 그들의 인식을 아주 왜곡시켰다고 보는 나의 생각과는 완전히 다르게 부모가 아이를 보고 있다는 인상을 받았다.

부모와 아이를 위해 치료실을 은신처로 만든다는 목표를 유지하면서, 아이나 부모의 행동이 너무 공격적이거나 파괴적이 되면 초기 관찰을 중단할 준비를 해야 한다. 아직 치료가 시작되지 않았다면 유일한 목표는 당신 자신과 치료실을 은신처로 만드는 것이다. 만일 공격성과 파괴적 행동으로 중재를 해야 하는 것이라면 부모와 아이의 주의를 분산시킬 수 있는 일을 하고, 그들이 좀 더 진정되도록 도와주어야 한다. 내가 사용하는 방법은 부모에게 휴식을 제안하는 것이다. 예컨대, 복도를 따라 걷게 하고 물 한 잔을 마시게 하거나, 장난감 정리하기, 아이와 함께 아동주도 놀이하기, 치료실의 불을 끄기 등이다. 일반적으로 나는 내가 하는 것을 독백으로 이야기한다. 부모가 내가 이 상황의 심각성을 이해한다는 것을 알게 한다. 그래서 아이를 치료에 데리고 와 줘서 감사하고, 나는 이 문제가 반드시 해결되어야 할 필요성을 알게 되었다고 말한다. 이 장 서두에 묘사된 가상의 엄마-아이 관계에서 아이의 공격성으로부터 그들을 구해 내기 위한 희망과 능력의 메시지(그들의 마음상태와 양육 패턴을 말하면서)와 그들의 효능과 능숙함에 대한 인식(그들이 능숙해졌을 때 내가 그들을 포기하지 않을 것을 그들에게 알게 함), 두 가지 모두를 전달하고자 한다.

이런 마음상태와 양육 패턴을 가진 부모는 중재자의 지지를 끌어내기 위해 감정과 문제를 무의식적으로 증가시키거나 강조하는 경향이 있다. 심지어 초기 심리교육적 회기가 놀라울 정도로 감정적이어서 부모가 눈물을 흘리거나 화를 낼 수 있다는 것을 알게 되었다. 그들의 감정을 인식하는 것이 중요하므로 공감하라. 하지만 회기의 목표에 집중하라. 미해결 마음상태를 가진 부모가 만약 몰두 마음상태에 있다면 감정에 대한 비생산적인 대화에 빠지기 쉽다. 중재자로서 그들의 감정을 알지만 그것에 중재자가 압도되지 않는다는 것을 전달할 필요가 있다. 또한 중재자는 그들이 감정 조절장애에도 불구하고 양육을 잘할 수 있다는 것을 알아야 한다. 나는 '당신이 보낸 한 주' '당신의 우울함' '당신의 삶에서 일어나고 있는 일' '당신이 겪어 온 일'에도 불구하고, 부모가 약속을 지킨 것 등에 대해 남다른 칭찬을 자주 한다. 미해결 마음상태를 가진 부모에게 나는 치료가 어렵고 힘든 길이 되겠지만 우리는 개선을 보게 될 것이라고 강조한다. 트라우마를 가진 부모는 변화되는 것을 종종 상상할 수 없기 때문에 당신이 너무 긍정적이고 낙관적이면 당신을 믿지 않을 것이다. 초기 관찰 동안 아이가 너무 공격적이면 공격적인 아이와 일했던 당신의 경험을 이야기하라. 만일 아이가 상대적으로 행동을 잘한다면 부모는 아이가 속이고 있다고 볼 것이다. 그들에게 반박하지 말고 아이가 어떤 상황에서 적절하게 행동할 줄 안다는 것은 좋은 신호이고, 아이의 행동문제를 알기 위해서 그것을 굳이 볼 필요가 없다고 말하라. 치료실과 장난감은 심각한 행동문제를 가진 아이를 위해 특별히 고안된 것이기 때문에 여기에서는 집에서만큼 심각한 문제를 보이지 않을 것이라는 점을 강조하라. 나는 혼란 관계에 있는 부모를 코칭하는 것이 매우 나쁜 결과를 가져올 것이라고 생각되지 않는 한 보통 그들에게 숙제를 주지 않는다.

아동주도 놀이 코칭

부모 코칭을 시작하기 전에 아이와 단 몇 분간이라도 아동주도 놀이를 하는 것은 도움이 된다. 부모를 위한 '모델링' 기술로 보여 주는 것은 아니지만, 이것은 몇 분 동안 아이를 더 잘 알 수 있고 부모는 긴장을 풀 수 있는 기회가 된다. 시작할 때 짧더라도 이런 시간을 갖는 것은 부모와 아이 모두 부모 코칭을 더 잘 시작할 수 있게 해 준다. 일반적으로 나는 각 회

기를 시작할 때 관찰하고 코딩하지만, 필요하면 코딩을 일찍 끝낼 준비를
한다. 이런 유형의 관계에서 내가 방을 나가 있는 처음 몇 분 동안에 부모
와 아이의 감정이 올라가는 것을 본다. 나는 부모와 아이가 매 회기에 일
어나는 활동의 구조에 익숙해지기를 원하지만 코딩하는 데 사용하는 시
간에 관해서는 엄격하지 않다.

나는 아이에게서 멀리 떨어져 앉거나 주춤하는 것과 같은 양육자의 무
기력함이나 아이를 두려워하는 것 같은 양육자의 신호뿐만 아니라 적개
심을 가지는지도 지켜본다. 나는 내가 담당하는 혼란 관계에서 두려워하
는 행동과 두렵게 만드는 행동이 섞여 있는 것을 자주 본다. 심지어 가장
무기력한 양육자라도 짧은 순간의 적개심이나 두렵게 만드는 행동을 보
인다. 아동주도 놀이 회기 동안 볼 수 있는 두렵게 만드는 행동의 예는 장
난감을 빼앗고 괴롭히기, 그것을 아이가 닿을 수 없는 높이에서 흔들어
보이기, 장난감으로 아이를 찌르면서 괴롭히기, 장난감이나 물건으로 '부
드럽게' 찔러서 아이가 진정된 후에 '아이를 뒤집어 놓기', 아이에게 으르
렁거리기(직접적으로 또는 더 빈번하게는 놀이를 통해)와 같은 것이다. 혼란
애착을 가진 부모의 행동에 대한 예는 〈표 8-2〉에 나와 있다. 이런 행동
은 부모가 불안하고 조절장애가 있다는 표시이다. 아동주도 놀이 회기에
서 그 행동을 처음 보면, 나는 색칠이나 구슬 담기나 실 꿰기 카드와 같은
활동으로 부모를 진정시키려고 노력한다. 만약 한 회기 동안 반복해서 보
게 되면, 나는 방 안으로 들어가 양해를 구하고, 필요하다면 휴식을 위해
부모를 내보낸 후 아이와 함께 아동주도 놀이를 한다.

이와 같은 상황이 벌어진 회기나 부모만 있는 회기에서 나는 부모가 회
기에서의 '끊임없이 보초 서기' 또는 '살얼음판 걷기'를 어떻게 느끼는지
에 대해 이야기한다. 나는 부모에게 그들이 아이의 행동이 어떤 나쁜 결
과를 가져올지 잘 알기 때문에 개입해서 아이의 행동을 관리하고 싶은 마
음이었음을 충분히 이해한다고 말한다. 혼란 관계에서는 비디오 피드백

회기가 특별히 가치 있다고 생각하는데, 이것은 부모를 혼란스럽게 만든 아이의 행동 양상을 부모에게 서서히 노출시킬 수 있기 때문이다.

나는 긍정적 행동주의 양육 기술에서 일반적으로 첫 번째로 해야 할 것은 행동 설명이라고 생각한다. 혼란 관계의 부모는 아이에 대한 긍정적 관점을 거부하는 성향이 있기 때문에 아이를 칭찬하는 것을 어려워한다. 혼란 관계에 있는 부모에게 칭찬을 사용할 것을 처음으로 소개할 때, 아이에 대한 칭찬과 함께 부모에 대한 칭찬을 짝지을 수 있다면 도움이 된다. 예컨대, "당신의 훌륭한 행동주의 설명 때문에 아이가 활동을 계속하고 있어요."라고 말할 수 있다. 내가 아이의 잘못된 행동을 봤을 때 그것을 인정하는 것 또한 미해결 마음상태를 가진 부모와 신뢰 관계를 형성하는 데 도움이 된다. 아이에 대해 극도로 부정적인 관점을 가지고 있는 부모는 내가 아이의 부정적인 측면 또한 알고 있다는 것을 알게 되면 아이에 대한 긍정적인 진술을 더 쉽게 받아들인다.

나는 아동주도 놀이에 대한 생각이 혼란 관계에 있는 부모를 종종 두렵게 한다는 것을 안다. 그들의 어린 시절 경험은 어른에게 휘둘린 느낌인데 아동주도 놀이에 대한 그들의 기대는 아이에게 휘둘릴 것이라는 느낌이다. 그래서 일반적으로 일정한 기준 내에서만 아동주도 놀이를 한다. 즉, 아이가 적절하게 행동할 때 아동주도 놀이를 한다. 이런 관계의 부모는 아동주도 놀이가 아이로 하여금 더 위세 부리고 통제하는 경향으로 되게 하지 않을까 걱정한다. 나는 이것이 타당한 가설이라는 것을 인정하지만, 놀이치료사에게는 잘 알려진 놀이치료의 역설적인 효과로서 아이가 아동주도 놀이에 참여할 때 통제하는 경향이 덜하다는 것은 사실이다.

나는 아이의 파괴적 행동 또는 공격성에 대해 인내심을 잘 갖지 못하는 경향이 있다. 아이와 놀이치료를 하고 있었다면 얼마나 빠르게 불안과 혼란이 상승될 것인지 나는 알고 있다. 아동주도 놀이 동안에 아이가 공격성을 보이는 경우, 나는 부모에게 아이가 한 번 더 공격성을 보인다면 놀이는 끝날 것이라고 경고하라고 한다. 부모는 내가 들어올 것이라고 아이에게 알려 주고, 밖에서 몇 초 동안 기다린다. 이것은 공격성이 확대되는 것을 막아 주고 부모와 아이가 더 차분하게 규칙을 따를 수 있게 해 준다.

아동주도 놀이 동안, 나는 아이가 부모에게 어떻게 말을 해야 하는지 알려 줄 기회를 찾는다. 부모에게 아이가 위세 부리고 요구하는 상황은 무시하고, 아이가 적절하게 얘기하면 칭찬하도록 한다. 때때로 이런 관계에서는 아이가 요구하는 목소리 톤으로 부모에게 말하는 습관이 너무 깊이 배어 있어서, 중재자는 부모와 아이의 상호작용 외의 행동에서 적절한 목소리 톤에 대해 칭찬할 기회를 찾아야 한다. 예컨대, 아이가 연극 속의 한 인물이 된 것처럼 말할 때 그 톤을 칭찬한다.

나는 아이가 부모를 필요로 하거나 그들의 인정을 원하는 상황을 관찰하게 함으로써 무력감에 대한 부모의 인식을 바꿔 주고자 한다. 예를 들면, "아이는 자기가 만든 것을 당신에게 보여 주고 있어요. 아이는 정말로 당신의 인정을 원해요."라고 말한다. 이후 아동주도 놀이 동안에 나는 부모의 마음상태에 부드럽게 도전하기도 한다. 예를 들면, 아이가 엄마 무릎에 기어오르거나 엄마를 위해 무언가를 만들었을 때, "아이는 지금 아주 어리게 보여요. 하지만 마치 무법자처럼 행동할 때는 아이가 얼마나 어린지 잊어버리게 되죠."라고 말한다.

나는 혼란 관계의 부모와 좋은 치료적 동맹이 형성된 후에 무기력/적대적 양육 특성을 다루기 시작한다. 처음에는 부모가 그것을 인식하도록 지적만 하고, 내가 무기력/적대적 양육을 알고 있다는 것을 그들이 알도록 한다. 예를 들면, 나는 "아이가 블록을 충돌시켰을 때, 당신을 약간 무섭게 한 것처럼 보이네요."라고 말한다.

혼란/통제 애착을 가진 아이는 그들이 더 불안할 때—특히 부모의 능력에 대해 불안할 때—더 통제하고자 하는 경향을 보인다. 모순적이지만 아이는 부모가 아동주도 놀이를 시작하거나 아니면 그들을 칭찬할 때 양

육자의 노력에 대한 반응으로 "멈추세요." 또는 "그렇게 하지 마세요."라
고 말하면서 더 통제적이 된다. 아이는 양육자의 예측 불가능성을 다루는
전략을 개발한 것이다. 그래서 긍정적 변화일지라도 상호작용을 변화시
키고 불안을 유발하며 상호작용을 통제하는 데 필요한 모델과 양육자를
통제하기 위한 행동주의 전략을 작동한다. 이것은 또한 부모의 불안과 무
력감을 유발한다. 부모와 아이의 혼합된 불안은 부모 코치에게도 불안과
무력감을 유발할 수 있다. 특히 '반응하기로 된' 아동주도 놀이에서 반응
하지 않는 아이를 처음 접하는 중재자에게는 더욱 그렇다.

내가 불순종 아동 돕기(McMahon & Forehand, 2003)를 좋아하는 이유 가
운데 하나는 부모가 아동주도 놀이 동안 사용하도록 배운 기술이 아이가
보기에 명료하기 때문이다. 혼란 관계의 아이에게는 이런 명료함이 아주
유익하다고 생각한다. 변화에 대한 불안을 줄이도록 돕기 위해서 내가 부
모에게 가르친 기술이 무엇인지 알려 주고, 만일 아동주도 놀이 동안 그
들이 공격적이거나 파괴적이 되면 어떤 일이 일어날 것인지도 알려 준다.
나는 또한 각각의 아동주도 놀이 회기의 초점이 무엇인지도 아이 앞에서
말해 준다. 예를 들면, 만일 내가 아동주도 놀이 동안 행동주의 설명에 초
점을 맞추려고 하면 나는 부모에게 다음과 같은 내용을 말할 것이다. "기
억하세요. 오늘 특별한 놀이를 하는 동안, 나는 당신이 아이가 하는 것을
설명하길 원해요. 당신이 아이를 보고 있고 아이가 하는 것이 당신에게
중요하다는 것을 아이에게 알려 주세요. 아이가 당신에게 공손하게 말하
는 게 중요해요. 만일 아이가 무례하게 하면 돌아서서 장난감을 집어 아
이가 당신과 놀 준비가 될 때까지 혼자서 노세요. 내 방에서 모든 사람이
안전하게 노는 것 또한 중요해요. 만일 아이가 어떤 위험하거나 파괴적인
일을 한다면 내가 들어가서 놀이를 하고 당신은 밖에서 잠시 기다리게 될
거예요."

부모주도 놀이 코칭

혼란 관계에서 부모주도 놀이는 아이와 부모에게 자주 불안을 일으킨다. 이 지식에 근거하여 나는 부모주도 놀이 회기 동안 부모와 아이 모두를 위해 추가적인 도움을 제공한다. 아이의 경우, 추가적인 모델링과 부모주도 놀이 절차를 따르는 실행이 포함된다(예, 타임아웃 의자로 걸어가는 모델링과 실행). 가끔 지시 따르기를 배우거나 타임아웃을 한 것에 대한 추가적인 보상(예, 스티커나 손도장)도 사용한다. 부모의 경우, 그들이 유익하다고 생각하는 정서 조절 전략을 논의하고, 부모주도 놀이 회기 동안 원하는 도움이 무엇인지 묻는다. 이런 관계에 있어서 아이가 규칙을 따르거나 아니면 타임아웃을 받은 후에 아동주도 놀이로 돌아가는 것은 부모와 아이 모두가 차분해지고 보다 조절되는 데 도움이 되기 때문에 특히 중요하다.

❏ 결론

더 나은 부모가 되도록 누군가를 코칭하는 것은 겸손하게 되는 경험이다. 나는 이 중요한 일을 애착이론과 행동주의뿐만 아니라 나의 멘토들과 훈련생들의 임상적 지혜에 의존하여 연구할 수 있어서 운이 좋다고 생각한다.

양육에 대한 과학이 많이 발전했음에도 불구하고 우리가 아직 배워야 할 것들이 많다는 것을 인정하면서, 나는 Mary Ainsworth의 말로 끝을 맺으려고 한다. 그녀의 글은 내가 어떤 유형의 연구자나 임상가가 되어야 할지에 대해서 많은 것을 가르쳐 주었다. "과학은 그동안 아주 성공해서 우리는 과학에 대한 오만한 기대를 품고 있다. 하지만 실제적인 해답은 특별히 천천히 다가온다. 영아를 키우는 것과 같은 문제―부모에게는 즉각적이고 긴급한 문제―에 있어서 만일 모든 해답을 알고 있다면 정말 좋을 것이다. 하지만 그렇지 않다. 그래서 부모는 불확실성을 인내해야 하고 그들이 이용할 수 있는 정보를 가지고 최선을 다하는 것에 만족해야 한다."(Ainsworth, 1967)

참고문헌

Ainsworth, M. (1967). *Infancy in Uganda*. Baltimore: Johns Hopkins Press.

Bakermans-Kranenburg, M., & van Ijzendoorn, M. (2009). The first 10,000 adult attachment interviews: Distributions of adult attachment representations in clinical and non-clinical groups. *Attachment & Human Development, 11*(3), 223-263.

Beebe, B., Jaffe, J., Markese, S., Buck, K., Chen, H., Cohen, P., Bahrick, L., Andrews, H., Feldstein, S. (2010). The origins of 12-month attachment: A microanalysis of 4-month motherinfant interaction. *Attachment & Human Development, 12*(1), 3-141.

Bernard, K., Dozier, M., Bick, J., Lewis-Morrarty, E., Lindhiem, O., & Carlson, E. (2012). Enhancing attachment organization among maltreated children: Results of a randomized clinical trial. *Child Development, 83*(2), 623-636.

Bowlby, J. (1969). *Attachment and loss. Vol 1: Attachment*. New York: Basic Books.

Bowlby, J. (1980). *Attachment and loss: Vol. 3. Loss*. New York: Basic Books.

Carlson, E., Egeland, B., & Sroufe, L. A. (2009). A prospective investigation of the development of borderline personality symptoms. *Development and Psychopathology, 21*, 1311-1334.

Caspers, K., Yucuis, R., Troutman, B., Arndt, S., & Langbehn, D. (2007). A sibling adoption study of adult attachment: The influence of shared environment on attachment state of mind. *Attachment & Human*

Development, 9(4), 375–391.

Cassidy, J., & Marvin, R. (1992). *Attachment organization in three and four year olds: Procedures and coding manual.* Charlottesville: University of Virginia.

Cassidy, J., Woodhouse, S., Sherman, L., Stupica, B., & Lejuez, C. W. (2011). Enhancing infant attachment security: An examination of treatment efficacy and differential susceptibility. *Development and Psychopathology, 23*, 131–148.

Cicchetti, D., Rogosch, F., & Toth, S. (2006). Fostering secure attachment in infants in maltreating families through preventive interventions. *Development and Psychopathology, 18*, 623–649.

Cohen, L. (1992). Anthem. [Recorded by Leonard Cohen] On The Future [CD]. Nashville: Sony.

Dozier, M., Stoval, K. C., Albus, K. E., & Bates, B. (2001). Attachment for infants in foster care: The role of caregiver state of mind. *Child Development, 72*(5), 1467–1477.

Fraiberg, S., Adelson, E., & Shapiro, V. (1975). Ghosts in the nursery: A psychoanalytic approach to impaired infant–mother relationships. *Journal of the American Academy of Child Psychiatry, 14*, 387–421.

Greenberg, M., Speltz, M., DeKlyen, M., & Endriga, M. (1991). Attachment security in preschoolers with and without externalizing behavior problems: A replication. *Development and Psychopathology, 3*, 413–430.

Hesse, E., & Main, M. (2000). Disorganized infant, child, and adult attachment: Collapse in behavioral and attentional strategies. *Journal of the American Psychoanalytic Association, 48*(4), 1097–1127.

Hoffman, K., Marvin, R., Cooper, G., & Powell, B. (2006). Changing toddlers' and preschoolers' attachment classifications: The circle of security intervention. *Journal of Consulting and Clinical Psychology, 74*, 1017–1026.

Juffer, F., Bakermans-Kranenburg, M. J., & van Ijzendoorn, M. H. (2005). The importance of parenting in the development of disorganized attachment: Evidence from a preventive intervention study in adoptive families. *Journal of Child Psychology and Psychiatry, 46*(3), 263–274.

Korfmacher, J., Adam, E., Ogawa, J., & Egeland, B. (1997). Adult attachment: Implications for the therapeutic process in a home visitation intervention. *Applied Developmental Science, 1*(1), 43-52.

Levy, K., Meehan, K., Kelly, K., Reynoso, J., Weber, M., Clarkin, J., & Kernberg, O. (2006). Change in attachment patterns and reflective function in a randomized control trial of transference-focused psychotherapy for borderline personality disorder. *Journal of Consulting and Clinical Psychology, 74*(6), 1027-1040.

Lyons-Ruth, K., & Spielman, E. (2004). Disorganized infant attachment strategies and helplessfearful profiles of parenting: Integrating attachment research with clinical intervention. *Infant Mental Health Journal, 25*(4), 318-335.

MacDonald, H., Beeghly, M., Grant-Knight, W., Augustyn, M., Woods, R., Cabral, H., Rose-Jacobs, R., Saxe, G., & Frank, D. (2008). Longitudinal association between infant disorganized attachment and childhood posttraumatic stress symptoms. *Development and Psychopathology, 20*, 493-508.

Madigan, S., Moran, G., Schuengel, C., Pederson, D., & Otten, R. (2007). Unresolved maternal attachment representations, disrupted maternal behavior and disorganized attachment in infancy: Links to toddler behavior problems. *Journal of Child Psychology and Psychiatry, 48*(10), 1042-1050.

Main, M., & Goldwyn, R. (1998). *Adult attachment scoring and classification systems*. Berkeley: University of California.

Main, M., & Solomon, J. (1990). Procedures for identifying infants as disorganized/disoriented during the Ainsworth strange situation. In M. Greenberg, D. Cicchetti, & E. Cummings (Eds.), *Attachment in the preschool years: Theory, research, and intervention*. Chicago: The University of Chicago Press,

McMahon, R., & Forehand, R. (2003). *Helping the noncompliant child: Family-based treatment for oppositional behavior* (2nd ed.). New York: Guilford.

Moss, E., Cyr, C., & Dubois-Comtois, K. (2004). Attachment at early school age and developmental risk: Examining family contexts and behavior problems of controlling-caregiving, controlling-punitive, and behaviorally disorganized children. *Developmental Psychology, 40*(4), 519-532.

Moss, E., Dubois-Comtois, K., Cyr, C., St-Laurent, D., & Bernier, A. (2011). Efficacy of a homevisiting intervention aimed at improving maternal sensitivity, child attachment, and behavioral outcomes for maltreated children: A randomized control trial. *Development and Psychopathology, 23*, 195-210.

Munson, J., McMahon, R., & Spieker, S. (2001). Structure and variability in the developmental trajectory of children's externalizing problems: Impact of infant attachment, maternal depressive symptomatology, and child sex. *Development and Psychopathology, 13*, 277-296.

Routh, C., Hill, J., Steele, H., Elliott, C., & Dewey, M. (1995). Maternal attachment status, psychosocial stressors and problem behaviour: Follow-up after parent training courses for conduct disorder. *Journal of Child Psychology and Psychiatry, 36*(7), 1179-1198.

Schechter, D., Myers, M., Brunelli, S., Coates, S., Zeanah, C., Davies, M., Grienenberger, J. F., Marshall, R. D., McCaw, J. E., Trabka, K. A., & Liebowitz, M. (2006). Traumatized mothers can change their minds about their toddlers: Understanding how a novel use of videofeedback supports positive change of maternal attributions. *Infant Mental Health Journal, 27*(5), 429-447.

Smeekens, S., Riksen-Walraven, J., & van Bakel, H. (2007). Multiple determinants of externalizing behavior in 5-year-olds: A longitudinal model. *Journal of Abnormal Child Psychology, 35*, 347-361.

Speltz, M., Greenberg, M., & DeKlyen, M. (1990). Attachment in preschoolers with disruptive behavior: A comparison of clinic-referred and nonproblem children. *Development and Psychopathology, 2*, 31-46.

Speltz, M., DeKlyen, M., & Greenberg, M. (1999). Attachment in boys with early onset conduct problems. *Development and Psychopathology, 11*, 269-285.

Stams, G., Juffer, F., & van Ijzendoorn, M. (2002). Maternal sensitivity, infant attachment, and temperament in early childhood predict adjustment in middle childhood: The case of adopted children and their biologically unrelated parents. *Developmental Psychology, 38*(5), 806-821.

Steele, H., & Steele, M. (2008). *Clinical applications of the adult attachment interview.* New York: Guilford.

Stovall-McClough, K., & Cloitre, M. (2003). Reorganization of unresolved childhood traumatic memories following exposure therapy. *Annals of the New York Academy of Sciences, 2008*, 297-299.

Toth, S., Rogosch, F., Manly, J., & Cicchetti, D. (2006). The efficacy of toddler-parent psychotherapy to reorganize attachment in the young offspring of mothers with major depressive disorder: A randomized preventive trial. *Journal of Consulting and Clinical Psychology, 74*, 1006-1016.

Troutman, B., & Momany, A. (2012). Use of selective serotonin reuptake inhibitors during pregnancy and disorganised infant-mother attachment. *Journal of Reproductive and Infant Psychology, 30*(3), 261-277.

van den Boom, D. (1994). The influence of temperament and mothering on attachment and exploration: An experimental manipulation of sensitive responsiveness among lower-class mothers with irritable infants. *Child Development, 65*, 1457-1477.

Van Ijzendoorn, M. (1995). Adult attachment representations, parental responsiveness, and infant attachment: A meta-analysis on the predictive validity of the adult attachment interview. *Psychological Bulletin, 117*(3), 387-403.

van Ijzendoorn, M., Schuengel, C., & Bakermans-Kranenberg, M. (1999). Disorganized attachment in early childhood: Meta-analysis of precursors, concomitants, and sequelae. *Development and Psychopathology, 11*, 225-249.

찾아보기

저자 소개

Beth Troutman 박사는 아이오와 대학교 카버 약학대학 소속 정신의학 임상 교수이다. 그녀는 교육, 연구, 임상에 있어 30년 넘게 부모-아동의 상호작용 개선에 주력해 왔다. 대학원 이후 부모역할에 있어서의 자기효능감과 기질에 관한 연구를 수행하였고 애착이론 및 부모-아동 상호작용치료(Parent-Child Interaction Therapy: PCIT)와 부모역할 개선을 위한 행동주의 모델을 전파하면서 다양한 이론을 섭렵하였다.

역자 소개

이효신(Lee, Hyoshin)
대구대학교 사범대학 유아특수교육과 교수
〈주요 저 · 역서〉
특수교육학개론(공저, 학지사, 2016)
교사를 위한 응용행동분석(역, 학지사, 2014)

이영주(Lee, Youngjoo)
대구대학교 대학원 특수교육학과 박사과정

행동주의와 애착이론을 통합한 부모 코칭
Integrating Behaviorism and Attachment Theory in Parent Coaching

2019년 11월 5일 1판 1쇄 인쇄
2019년 11월 10일 1판 1쇄 발행

지은이 • Beth Troutman
옮긴이 • 이효신 · 이영주
펴낸이 • 김진환
펴낸곳 • (주) **학지사**

　　　　04031 서울특별시 마포구 양화로 15길 20 마인드월드빌딩
대표전화 • 02)330-5114　　　팩스 • 02)324-2345
등록번호 • 제313-2006-000265호

홈페이지 • http://www.hakjisa.co.kr
페이스북 • https://www.facebook.com/hakjisa

ISBN 978-89-997-1974-5 93370

정가 14,000원

이 도서의 국립중앙도서관 출판시도서목록(CIP)은 서지정보유통지
원시스템 홈페이지(http://seoji.nl.go.kr)와 국가자료공동목록시스템
(http://www.nl.go.kr/kolisnet)에서 이용하실 수 있습니다.
(CIP 제어번호: CIP2019043715)

출판 · 교육 · 미디어기업 **학지사**

간호보건의학출판 **학지사메디컬** www.hakjisamd.co.kr
심리검사연구소 **인싸이트** www.inpsyt.co.kr
학술논문서비스 **뉴논문** www.newnonmun.com
원격교육연수원 **카운피아** www.counpia.com